本著作为2022年广东省教育科学规划重点项目“学科核心素养下小学语文教学评价研究”（课题项目编号：2022ZQJK058）研究成果

小学语文教学评价的策略与实践

XIAOXUE YUWEN JIAOXUE PINGJIA DE CELÜE YU SHIJIAN

张的玲　袁丽娟　著

河北大学出版社
·保定·

出 版 人：马　力
责任编辑：耿兆飞
特约编辑：赵彩霞
装帧设计：赵　谦
责任校对：姚萌萌
责任印制：常　凯

图书在版编目（CIP）数据

小学语文教学评价的策略与实践 / 张的玲，袁丽娟著．-- 保定：河北大学出版社，2025．5．-- ISBN 978-7-5666-2690-5

Ⅰ．G623.203

中国国家版本馆 CIP 数据核字第 2025B2F852 号

小学语文教学评价的策略与实践

XIAOXUE YUWEN JIAOXUE PINGJIA DE CELÜE YU SHIJIAN

出版发行：河北大学出版社

地址：河北省保定市七一东路2666号　邮编：071000

电话：0312-5073003　0312-5073029

网址：www.hbdxcbs.com

邮箱：hbdxcbs@163.com

印　　刷：涿州市般润文化传播有限公司
幅面尺寸：170 mm × 240 mm
字　　数：165千字
印　　张：12.5
版　　次：2025年5月第1版
印　　次：2025年5月第1次印刷
书　　号：ISBN 978-7-5666-2690-5
定　　价：68.00 元

目　　录

第一章　小学语文教学评价的基本内涵

在传统的小学语文教学评价中，教师往往过分关注学生考试的分数和等级，采用一种相对单一的评价标准——以书面考试成绩为主要衡量工具。这种评价体系在很大程度上强调了知识的记忆和重复，而忽略了学生创新思维和语文实际应用能力的培养，仅仅满足于将课本知识传授给学生，片面追求学生分数的提高。

然而，新课程标准提出，小学语文教学评价应更加注重培养学生的创新精神、实践应用能力及合作与交流能力，促进学生全面发展。显然，学生不仅仅是考试成绩的承载者，更是具有独立思考、深刻感受和主动探索能力的个体。过于注重分数的传统评价模式显然已不能满足学生全面发展的需求，与教育改革的方向不符。因此，探索新的语文教学评价模式显得尤为重要。小学语文教学评价应当转变观念，从单一的成绩评价转向多元化评价，不仅评价学生的知识掌握程度，更应重视学生的思维能力、语言运用能力和文化素养等方面的培养。

第一节　小学语文教学评价的发展轨迹

评价教学思想在我国有深厚的历史渊源。早在春秋战国时代，一些教育家、思想家就以自己的远见卓识提出了“三省吾身”“知不足，然后能自反也；知困，然后能自强也”等蕴含评价教学思想的教学观。1999 年，我国正式启动了基础教育课程改革，其宗旨就是要实现教学方式和学生学习方式的变革，改变以接受式学习为中心的单一的教学模式。2001 年，我国颁布了义务教育各学科国家课程标准，各学科在课程目标上按结果性目标和体验性目标进行描述。义务教育语文课程标准（2001 版）中就强调要重视评价方式的设计，培养学生主动探究、团结合作、勇于创新的精神。

小学语文教学评价在我国小学语文学科领域可追溯到 20 世纪末期。20 世纪 90 年代，北京市就颁布了小学语文学科课堂教学评价方案（试行），同时也给出了相关评价标准的补充意见。① 当时的中国学科课程评价正朝着有序化、体系化、科学化发展，相关学者认为该方案有着重要影响力。从横向讲，它对小学其他学科课堂教学评价方案的制定可提供借鉴作用；从纵向讲，它的基本原则、评价指标等也可迁移至初中、高中学段的语文课堂教学评价方案。教育家苏霍姆林斯基说过："真正的教育是自我教育。自评就是让学生自己评自己，学生想象丰富，有很大的创意性"。②

所以，课堂教学是小学语文教学的主体，以课堂教学为主体实施小学语文教学评价是必须的。由于历史的、制度的应试教育和技术的评价理论和技术原因，小学语文教学评价在目标、内容、标准、方法等方面都不同程度地存在着一些弊端，小学语文教学评价改革势在必行。③

进入 21 世纪，小学语文课堂教学评价做了重大改革，按新颁布的《全日制义务教育语文课程标准（实验稿）》（2001 年版），建立适应素

---

① 北京市小学语文学科课堂教学评价方案（试行）[J]. 中小学管理，1996（Z1）：28-30.

② 蔡志伟. 浅谈新课程下小学语文课堂教学的评价方式 [J]. 教育教学论坛，2010（27）：69.

③ 徐海鹰. 小学语文教学评价改革的思考与实践 [J]. 苏州教育学院学报，2002（S1）：12-13.

质教育的小学语文课堂教学评价标准，促进小学语文课堂教学评价指导思想的根本转变：从以“评教”为主转到以“评学”为主。衡量一堂语文课成功与否的标准，不在于教师讲得是否精彩，而在于学生学得是否主动。① 可见，国家小学语文课程标准十分重视小学语文教学评价的导向和激励功能。②

义务教育语文课程标准（2011 年版）强调语文课程评价应改变过于重视甄别和选拔的状况，突出评价的诊断和发展功能，促进学生学习，改善教师教学。③ 义务教育语文课程标准（2022 年版）着重表明语文课程评价包括过程性评价和终结性评价。过程性评价贯穿语文学习全过程，终结性评价包括学业水平考试和过程性评价的综合结果，都彰显了小学语文教学评价这一不可或缺的重要地位。④

第二节 小学语文教学评价的内涵

一、中小学语文教学评价的内涵

教学评价与简单的测试不同，它不仅仅重视学生的心理反应，而且在成绩的基础上更注重学生与教材内容的动态互动。也就是说，教学评价是通过学生的学习表现和教师的教学响应来认识学生的学习状况，并由此产生细致的观察和具体的改进建议。教学评价也是一种被

---

① 刘树任. 小学语文课堂教学评价初探［J］. 当代教育科学，2003（12）：45-46.

② 王静. 浅议新课程下的小学语文教学评价［J］. 商业文化（学术版），2007（8）：58+56.

③ 中华人民共和国教育部. 义务教育语文课程标准（2011 年版）［S］. 北京：北京师范大学出版社，2011.

④ 中华人民共和国教育部. 义务教育语文课程标准（2022 年版）［S］. 北京：北京师范大学出版社，2022.

激活了的学习过程，是学生心智与教育目标沟通的一种有效场，在教学评价中，学生主要通过分析、反思、理解、应用等多种认知活动的交融撞击，激活已有的知识，并产生新的理解。最后，又使学习成果内化为自我能力的提升，使理解到的内容成为个性化的学习经验。在教学评价的过程中，学生往往深入到学习环境中，忘我地参与，达到教育目标的实现与默契，进而使学习得到升华，产生成效。①

在哲学认识论的框架下，小学语文教学评价被视为一种过程，其中教师通过评价活动不仅深入理解学生的学习状况，而且通过内省将这些见解转化为教学方法的改善和发展。这样的评价模式使得教师在了解学生的同时，也能重新审视并调整自己的教学策略，从而优化教学与学习的互动和效果。

从心理学的角度来看，小学语文教学评价是一个连续的心理过程，涉及对学生学习行为、情绪态度和认知发展的观察与回馈。这不仅使教师能够准确掌握学生在语文学科的表现，还关注于学生如何在心理和情感层面上对教学方法和内容做出反应，使教师能根据学生的具体需求调整教学策略。

教学艺术的本质不在于传授的本领，而在于唤醒、激励与鼓舞。课堂上教师对学生的激励性评价是唤醒学生灵魂、树立学生自信、点燃学习热情的有效策略，对课堂教学提质增效起着不可估量的作用，甚至会鼓舞、改变学生一生。② 在教学评价过程中，教师将自己的整个“自我”（包括之前的教学经验和心理构成）用于观察和解析学生的学习行为，并在察觉到学生行为与教学目标的联系时产生情感反应，这种反应激发了丰富的联想和深刻的洞察。在教育评价领域，教学评价

① 林国庆．核心素养下小学语文课堂评价的现实困境与对策［J］．亚太教育，2024（6）：79-82．

② 李秀君．“双减”背景下小学语文课堂提质增效的思考与实践［J］．教育实践与研究（A），2024（2）：63-64．

通常被认为是与教育质量和教师专业成长紧密相关的一个探索领域。从教育学视角来看，教学评价基于对学生行为的真实表现和深入理解，激发教师产生情感和意义的一种过程。虽然不同学科对“教学评价”的解释和看法各异，但它们都指向一个共同的核心：教师的“内在感受”，这是一种与教师的认知、情感、经验、感受等相联系，指向内心世界并涉及精神生活的复杂、多维的心理活动。它旨在实现主观与客观世界的交流和融合，是认知活动和生命活动、理性与非理性的协调与整合，是“意义建构”的过程。因此，“教学评价”不仅是一个活动的过程和结果，同时也是实现这些目标的方法和追求。

在小学阶段，语文课程作为一门兼具工具性与人文性的基础课程，教师更应当在小学语文课堂中充分展现语言的魅力。① 小学语文教学评价是指教师在教学过程中根据学生的认知特点和规律，通过设计评价方法和标准，进行教学内容的有效衡量，使学生能够在参与评价中理解并建构知识、发展能力、产生情感、生成意义的评价活动。同时，小学语文教学评价还是一种理解和丰富生命意义、满足生命成长需要的活动，其所关心的不仅是学生可以经由教学评价而获得多少知识、认识多少事物，更在于学生的生命意义可以经由教学评价而获得彰显和扩展。

小学语文教学评价注重让学生和教师共同参与，获取直接反馈。众所周知，教学评价的途径主要有两种：直接评价和间接评价。其中，直接评价是通过观察学生在课堂上的互动、讨论和实际操作等形式，直接获取学生的学习表现和进步；间接评价指通过学生的作业、考试等方式，从学生的成果中得到对其学习成果的认识。直接评价和间接评价都是评价学生学习效果不可缺少的途径和手段。

---

① 褚倩倩. 核心素养背景下小学语文课堂评价策略［J］. 新课程导学，2022（7）：32-34.

传统的教学评价模式在很大程度上是一种结果导向的评价模式，始终比较注重间接评价，而忽视直接评价。这在教学评价中容易出现两种情况：一是强调学生学习成果的结果，而忽视了学生学习过程的评价。很多教师这样认为，教学评价就是为了验证学生是否掌握了人类千百年积累下来的精神文化成果，这就是学习成效的检验。教师往往采用结果导向的评价方式，要求学生通过测试和考试来证明学习成果。二是强调标准化测试，忽视学生的学习体验。尤其是在引入新的学习概念时，很多教师都通过标准化的测试方式来确保学生适应新概念，以便更好地掌握它，过多的标准化测试可能限制学生的主动探索精神，妨碍学生的创造力和批判性思维的发展。

相比于结果导向的教学评价，小学语文教学评价显示出明显的优势。它强调在评价过程中提供平台让学生和教师共同参与、实时反馈，重视评价中学生的思考和反思。反思是人的精神生命拓展的工作间，人形成自我认识，要通过反思对外部学习成果、教学方法进行深层次的内化。这意味着教学评价不再是一个仅仅围绕成绩进行的过程，不再是制造分数竞赛的过程；而是引导学生和教师主动联系实际教学经验，对教学方法和学习成果重新选择、整理和构建的创新的过程。

在具体实践中，小学语文教学评价往往要求教师从学生角度出发，以学生为主体，积极创设适当的评价情境激发学生的学习兴趣，激发他们的求知欲。同时，应该创造更多的成功机会使每一位学生都体验到成功的滋味，由此获得满满的自信心与继续前进的动力。同时，教师应当重视过程性评价，关注学生在学习过程中的努力和进步，而不仅仅是最终的成绩。这种评价方式能更真实地反映学生的学习过程和努力，帮助他们认识到自己的成长，增强学习的积极性。教师的反馈也应当及时且具体，针对学生的具体表现提出建设性的意见，鼓励学生在未来的学习中继续努力。

此外，教师可以利用信息技术工具，如在线评价系统，让学生参与到自我评价和同伴评价中来。这不仅能增加学生的参与感和责任感，还能让他们从同伴的视角了解自己的优点和待改进的地方。通过这样的互动和反思，学生可以更深刻地理解学习内容，同时也促进了他们社交技能的发展。

总而言之，小学语文教学评价的核心就是教师作为主导，研究如何正确引导学生自主学习，而学生作为主体，在教师的评价中进行反思。

第三节　小学语文教学评价的特征

一、中小学语文教学评价的特点

（一）引导性

及时有效的教学评价能引导学生往正确的方向努力，教师的有效评价能很好地激发学生的学习热情，有助于建立学习自信，激发学生的学习动力。[①] 引导性是小学语文教学评价的重要特征。小学语文教学评价需要学生在评价过程中积极参与、主动反思，需要他们在评价活动中深入思考，在评价中学、在反馈中悟、在指导中体会，因而具有引导性。然而，引导性并不仅仅是指导学生如何完成学习任务，它主要包括两方面：一是实践层面的引导性，即通过具体的评价活动引导学生亲身体验学习过程，如学生在参与语文学习评价中的积极表现，包括学生展示学习成果和教师对学习行为的反馈两种情况；二是心理层面的引导性，即通过评价过程中的思维启发和心理建设，让学生在

---

① 魏红梅，何婷．新课标下小学语文课堂教学评价有效性研究［J］．黑龙江教师发展学院学报，2023，42（11）：121-124．

心理上体会学习的深层意义，包括对学习成果的内化理解、对学习方法的自我调整。

小学语文教学评价，顾名思义，就是对学生进行评价从而促进学生的发展，因此指导是教学评价的基础，让学生参与到评价活动中，通过评价和反馈的实际体验，形成更深入的学习理解和技能掌握。同时，教师的反馈应具有启发性和建设性。当学生在语文学习中遇到困难或错误时，教师应提供具体而详尽的反馈，指出学生的不足之处，并给出改进的建议。这种反馈不仅帮助学生理解自己的学习状态，还鼓励他们在未来的学习中积极探索和尝试新的学习策略。此外，教师应通过定期的自我反思和评价活动，帮助学生建立起自我评价的能力。教学中引入同伴评价的机制，让学生互相评价，这不仅可以增强学生的批判性思维能力，还能培养他们的同理心和合作精神。通过这些多维度的评价活动，学生可以在多个层面上获得成长，深化对语文知识的理解和应用。

如教师在讲授《长相思》时，让学生朗读“风一更，雪一更，聒碎乡心梦不成，故园无此声”一句，要求读出纳兰性德对故乡的思念之情。一生朗读时语气平淡，没有起伏，不符合朗读要求。教师说：“看来你这个游子不够思念家乡啊，继续在塞外待着吧，不要回乡了。”学生想了一下，又读了一遍。他将“风”和“雪”二字重读，将“更”和“声”二字的余音稍加拖长，感情也比之前饱满许多。教师说：“现在我可以考虑让你返乡了。”该生把这一句又读了一遍，语调带着伤感与无奈，令人动容。教师称赞：“好，这次你随皇上祭告祖陵的任务完成之后，就可以马上回家了。”教师不仅对学生的表现做了即时评价，还引导学生认识到自身表现的不足，从而助其抓住诗中情感要领。此时，学生走进的不仅是《长相思》，更是纳兰性德对故乡的思念，体会其情思深苦的绵长心境。当学生的语文学习不再局限于获取知识，而是关心人物命运，体察人物情思，感悟人生思绪的时候，也是在发展语文核心素养。[①]

这样的教学安排，通过在课堂中创新评价的方式，为学生创设一个有利于探究的氛围，启发学生的思维，让学生对《长相思》这篇课文背后所蕴藏的含义有了更深的理解。引导性教学评价更多的是强调学生的参与和思考。学生应该通过互动和讨论去深入理解周围的文学世界，用主动的思考去理解、感悟、挖掘故事内容。结论来自深入的思考，而分析和批判能力正是在这个过程中形成的。教师在教学中应尽可能创造多元的评价机会，让学生有发言、思考、批评等实践的机会，使学生在这些活动中通过反复讨论和思考最终构建对教学内容的深刻理解。

（二）发展性

语文教学评价的目的是检验学生的语文学习，从而有效地促进学生的发展。[②] 发展性原则在小学语文教学评价中扮演着至关重要的角色，然而，传统的教学评价过于注重对知识掌握的衡量，而忽视了对发展性的关注。在传统教学评价中，评价往往是教师的中心，学生只是被动的成绩接收者。为了符合传统的评价模式，学生必须将教师的评价视为权威，教师的评价被认为是正确无误的。随着教育改革的深化，教师在评价中的绝对地位逐渐降低，学生的发展成了评价的中心。

小学语文教学评价重视学生的发展性，重视学生在语文学习过程中的个人进步和潜能开发。因此，小学语文教学评价以学生的成长为中心，关注学生的学习动机、价值取向和学习策略，让学生自己学会在阅读、写作和交流中感受、观察、反思和总结，学会在不同的语文活动中思考、解决问题。在这种评价体系中，每个学生的发展轨迹是独特的，教师要在尊重和接受学生不同学习进度的同时，关注每个学

---

① 黄河，张雨．基于“四个评价”的小学语文核心素养评价体系研究［J］．语文建设，2021（18）：59-63.

② 于艳．小学语文教学评价存在的问题与策略研究［J］．才智，2017（22）：35.

生在语文学习中的个性表现，让每个学生都有属于自己的成功体验，重视学生的发展性，真正地使学生成为学习的主人。

在以发展性为原则的小学语文教学评价中，教师需要转变角色，从传统的知识传递者变成学生学习的引导者和支持者。这种转变要求教师不仅关注学生在语文知识和技能方面的表现，更要深入挖掘学生的兴趣，激发他们的学习热情，并引导他们根据自身的兴趣和需求来选择学习路径。例如，通过项目式学习、合作学习等多样化的教学方法，让学生在实际的语文活动中发现问题、探索解决方案，并通过实践来深化对语文知识的理解和应用，如下面的教学示例：

师：小朋友，这无数的星星撒在夜空里是什么样呢？咱们做一个“撒”的动作。

（生做“撒”的动作，但是很不自然，显得很拘束）

师：撒得再多一点，撒得再远一点。

（教师边说边做“撒”的动作，表情丰富，眼神里流露出对学生的喜爱与鼓励之情）

（生跟着教师一起做，动作自然，带有表情）

师：同学们，星星被你们撒到夜空中去了（课件出示繁星图）瞧，多美啊！听我读（示范读句子，带有动作和表情），然后同学们一起读（感情丰富）。①

在这一教学示例中，教师通过模拟“撒星星”的动作，将课堂教学转化为学生对学习语文的身体和情感体验过程。教师的表情和动作的示范，以及对学生的鼓励和引导，帮助学生从最初的拘束到最后

---

① 姚晓芳. 关注核心素养　优化课堂评价——小学语文课堂教学评价的有效性探究[J]. 语文教学通讯·D刊（学术刊），2018（3）：39-41.

的自然表达，体现了发展性教学的逐步推进和激励学生内在潜能的过程。

（三）客观性

客观性是小学语文教学评价的基础，它强调在进行教学评价时，从测量的标准和方法到评价者所持有的态度，都应该符合客观实际。每个学生都是存在差异性的个体，这些客观存在的内容不以人的意志为转移。面对这些差异性，教师所采取的评价语言也应该有所差异，充分考虑到不同学生的不同特点，以不同的方式来达到评价激励的目的。[①] 它所关注的不仅是学生在教学中能掌握多少知识、认识多少事物，更在于教学评价能否公正地反映学生的真实能力，促进教学的公平性。在传统的教学评价中，过程常被理解为一种单向的知识传递过程，教学的中心任务是传授直接知识，主要关注学生尽可能多地掌握知识和技能，而忽视了评价的客观性和公正性。学生在被评价时，如果没有依据明确的标准和证据，那么评价结果就可能产生偏差；如果人们在评价过程中坚持客观公正，即使面对不同水平的学生，这种公正的评价态度也可以永远融合在教育过程中。

小学语文教学评价应该基于客观的标准而进行，小学语文教学评价正是通过坚持明确的评价标准和证据，让学生在接受评价的过程中明白评价的公正性，在被评价的过程中感受到公平。由于学生在这个过程中明确知道评价是基于什么标准，从而留下对教学评价系统的信任感，在以后的学习中就会受到这种客观评价标准的正面引导。确保客观性的评价体系不仅有助于维护评价的公平性，也是提升教学质量的关键。为了实现这一点，教师需要根据教学目标和学习标准来设定评价标准，这些标准应当是具体、明确且易于理解的，确保所有评价

① 彭恬静. 小学语文教学评价有效性研究［J］. 牡丹江教育学院学报，2021（4）：99-102.

活动都有清晰的依据，避免因标准模糊而导致的主观判断。

进一步地，客观的评价系统应当包括形成性评价和总结性评价两大部分。形成性评价关注学生的学习过程和进步，强调以支持学生学习为主，通过日常的观察、作业检查等方式进行，帮助学生及时了解自己的学习状态和问题，促进学生及时调整学习策略。总结性评价则在学习阶段或学期末通过测试或项目来评估学生对知识的掌握程度和技能的运用，反映学生的学习成果。

例如，让学生通过种植豆子或蒜苗来写观察日记，刚开始制定的评价标准是“从形状、颜色等多方面写出事物的变化，描写变化的地方不少于 3 处”。在这一评价标准指引下，有些学生写出了豆子或蒜苗的生长变化，但是语言比较干涩：“过了几天，蒜苗长到 2 厘米了……蒜苗的颜色越来越绿了……蒜苗长到 5 厘米了。”学生出现这样的情况，是因为缺少细腻的观察，没有写出自己独特的感受。我们让学生观察并写日记，目的是培养学生主动、细致观察的习惯，让学生对身边的事物充满好奇和兴趣，培养学生热爱生活、观察生活、记录生活的情趣。所以，评价标准只关注数量要求是不行的，还要加上“细致观察，写出自己独特的观察和感悟，写出植物生长中的好玩和有趣”。评价标准修改后，孩子们不仅写出了自己的细致观察，还写出了对生命的敬仰和珍爱。[①]

在小学语文教学评价中，教师要注重培养学生的客观反思意识，构建学生的评价视野，让学生经受知识的检验和挑战，让学生在分析中成长，从而让客观性思维在评价活动中得以体现。

（四）多元性

以往的教学评价多以教师为主，学生的主体性较弱。而学生作为

---

① 赵秀峰. 论小学语文课堂教学多元评价育人价值与实现路径 [J]. 现代教育，2022 (7)：15-19.

课堂的主人，有权利对课堂教学方式和自身学习情况进行评价。① 教学评价的出发点是多元性，评价主体总是从不同的视角和方法出发，去全面和深入地评估和揭示学生的语文学习情况，而评价的最终目的也是多元性。多元性的评价结果常常更全面、深刻地了解学生的学习进展和需要。正是由于小学语文教学评价的多元性，评价过程中才能形成对学生多方面能力的全面理解，促使教师和学生全身心地投入教学与学习过程中。

评价的多元化和互动化优点在于从多个不同主体获得反馈信息，使评价结果更加客观、公正，具有科学性和全面性的特点，同时提升各个参与主体在教学中的参与感。② 如果教学评价只侧重于单一的成绩或技能评价，忽视对学生创造性、批判性思维及情感态度的评价，学习也就可能变得片面和局限，学生的全面发展和体验也可能被忽视，教育就可能变得单一化，学生就难以成为全面发展的个体。因此，小学语文教学评价需要在关注学生知识和技能的基础上，注意采用多种评价方法和视角，激发和培养学生的多样化能力，提升学生的整体素养。

例如，在《小蝌蚪找妈妈》的教学中，教师可通过小组讨论和开放式问题的方式，引导学生深入思考为什么小蝌蚪会认错妈妈。教师的提问和学生的讨论回答如下：

教师：《小蝌蚪找妈妈》中的小蝌蚪为什么会认错妈妈？这个故事告诉我们什么道理？

学生甲：因为小蝌蚪从来没有见过妈妈，所以它会认错。这

---

① 章莉．着眼核心素养　启迪语文思维——基于核心素养理念的小学生思维能力培养探究［J］．语文教学通讯·D刊（学术刊），2020（5）：54-56.

② 刘乙静．小学语文教学评价的思考与实践［J］．齐齐哈尔师范高等专科学校学报，2022（3）：105-108.

个故事是在告诉我们，做事要有耐心和坚持，即使遇到困难也不能放弃。

学生乙：我觉得故事还在告诉我们，认识和了解周围的世界很重要。因为小蝌蚪不了解世界，所以才会认错妈妈。

教师：那你们认为小蝌蚪在找妈妈的过程中学到了什么？

学生丙：小蝌蚪在找妈妈的过程中，遇到了许多不同的动物，它学会了区分不同的生物。我觉得这也是在教导我们要善于观察和学习。①

在小学语文教学评价中，或许有些评价内容本身不显多元化，但教师可以创造性地引入不同的评价标准和方法，使学生获得多样的学习体验，促进其全面发展，使智慧与实践交相辉映，从而培养学生正确的学习态度与价值观。

（五）日常性

生活处处有语文，而语文教学也融于生活的点点滴滴。小学语文教学评价关注学生的日常学习环境，关注学生的日常学习经验。因为日常学习环境是与学生有着直接联系的，它是个体的、常态的、不断出现的。小学语文教学评价所注重的评价是和学生的学习生活联系在一起的，是学生对自己学习过程的一种感悟。小学语文教学评价不仅要学生学习课本知识，还要关注学生如何将语言、文字与日常生活相联系，或者由教师通过一定的情境使之具体化，便于学生通过亲身实践、体验，生动地感知、了解和掌握知识。

小学语文教学评价要从过去的单一化、标准化的框架中走向日常

---

① 张建莲．“教学评”一致性模式在小学语文教学中的应用［J］．教育观察，2024，13（5）：51-53＋92．

化，[①] 让学生在日常学习中深刻认识语文的社会和文化意义，从切身的学习体验中学会辨别语文的美感与功能，并在日常交流中学会应用语文知识。小学语文教学评价使学生不仅局限于教学内容中显现的、在场的知识，不受权威解释、标准答案的束缚，不去专注于死记硬背和亦步亦趋地复现原意，而是在不断理解教学内容的过程中理解自己、理解人生、理解社会，并不断投入自己独特的、渗透着情感的学习体验。

例如，在讲授二年级课文《找春天》时，我先让家长在周末带学生去公园、野外踏青，去寻找春天的印记，把春天的景色拍下来，写一写关于春天的好词好句，还可以把看到的春景画下来。在班里开辟“春天里的发现”专栏，将学生在“找春天”中拍摄的照片、写的词语、画的春景等展示出来。学生有了生活体验，就能更加融入课堂。课堂上引导学生观看课文插图，想象着自己欣赏到的美好景色，学生朗读时就能入情入境，课堂交流也很积极，用自己的话描述美好的春景，课堂教学取得了很好的效果。[②]

日常生活中存在着大量有价值的教学评价资源。只要我们善于观察、收集并利用这些资源，提炼出适合学生探究的问题，让学生将学到的语文知识应用于日常生活、服务于日常生活，就能使学生认识到学习语文的价值，激发学生的学习兴趣，提高学生灵活运用语文知识的意识和能力。

---

① 顾悦梅. 基于“以人为本”理念的小学语文教学评价探究［J］. 语文教学通讯·D刊（学术刊），2012（1）：44-45.

② 邹方方. “双减”背景下小学语文高效课堂实施策略初探［J］. 科教文汇，2023（1）：155-158.

第二章　小学语文教学评价的理论背景

传统的小学语文教学评价常常以教师为导向，主要采用单向的评估方式，这种评价方式过分强调学生的答题正确率和应试能力，忽视学生在语文学习过程中的主观体验和创造性思维的培养，通常只以结果论英雄。新课程改革强调，学生是语文学习的主体，应重视学生在学习过程中的情感参与、思维活动和文化认同。学生不仅是知识的接受者，更是情感和思维的独立个体，他们在学习过程中应当展现出自己的理解和见解。传统的评价体系显然无法完全捕捉到这些细微而关键的学习过程，已不能满足当前教育目标的要求，与新时代教育理念的发展步伐不相符合。因此，探索与时俱进的评价策略和方法已显得尤为重要。在这种背景下，重新思考小学语文教学评价的方式，不仅要关注学生的得分结果，更要关注他们如何通过阅读、理解、表达、交流和反思等多样化的学习活动，体验语言的魅力，发展个性化的思维和表达能力，成为教育改革的必然选择。

第一节　小学语文教学评价的理论基础

一、小学语文教学评价的心理学基础

（一）基于多元智能理论的教学评价

加德纳的多元智能理论是20世纪80年代在西方兴起的一种新的心理学理论，加德纳认为每个人都拥有9种主要智能，包括语言智能、逻辑一数理智能、空间智能、运动智能、音乐智能、人际交往智能、内省智能、自然观察智能、存在智能。① 小学语文教学评价的多元智能理论基础可以追溯到古希腊哲学家柏拉图的“理想国”中的教育观念，他强调教育应根据个体的天赋和能力进行，为后世教育的个性化发展奠定了哲学基石。在中国，孔子的“因材施教”思想也蕴含了教育应注重个体差异的认知理念。20世纪中叶，皮亚杰的认知发展理论提出了儿童认知发展的阶段性，强调教学应与儿童的认知发展水平相适应，这为加德纳理论中关于教育应对不同智能类型给予不同关注的观点提供了理论支持。进入21世纪，神经科学的发展为多元智能理论提供了更多的生物学证据，证实了人类大脑处理不同类型信息的区域分布的差异性。

小学语文教学评价在借鉴多元智能理论的同时，也在推动该理论的具体应用，这种理论与实践的良性互动，使得基于多元智能理论的教学评价方法日益完善和科学化。

（二）基于教学目标分类理论的教学评价

教学目标分类理论最早由本杰明·布鲁姆于1956年提出，此理论

---

① 高毓婉，冯晓颖. 新课改视野下基于加德纳多元智能特征理论的化学教学反思[J]. 化学教育（中英文），2019，40（21）：37-42.

在教育学上表现为：教育应明确具体的学习目标，根据认知、情感和技能领域进行系统分类；每一类学习目标都需要特定的教学策略和评价方法；有效的教育应促进学生在这些领域的平衡发展。教学目标分类理论为小学语文教学评价提供了方法学基础，使教学评价具有了结构化的框架，从而能够更全面地关注学生的多方面能力，更系统地评估学生的学习成果，更精确地支持教学的个性化和差异化。教学目标分类理论的思想源起于20世纪中叶，当时教育心理学家们开始探讨如何更科学地组织教学内容和评价体系。布鲁姆的分类方法首次提出了按照认知复杂度将学习目标进行层次化分级，为教学设计和学生评估提供了清晰的指南。在20世纪70年代，随着教育评价方法的进一步发展，这一理论被广泛应用于实际教学中，特别是在设计课程标准和学生能力评估时。进入21世纪，该理论还不断融入新的教育技术和多元化教学策略，如混合学习和个性化学习路径，科学证实教学目标分类理论可以有效提升教学质量和学习效果。

因此，基于教学目标分类理论的教学评价不仅是衡量学生学业成就的工具，更是促进教学深度和广度发展的重要手段，它为小学语文教学提供了从理论到实践的全面指导，使教学和评价活动更加科学、系统并且具有前瞻性。

（三）基于人本主义心理学的教学评价

在20世纪中叶，人本主义心理学在马斯洛和罗杰斯等学者的理论推动下，开始深刻影响教育实践。在人本主义心理学中，教育的根本目的也在于帮助人达到或实现其最佳状态，即自我实现。[①] 它在批判“以教师为中心”的基础上，提出了“以学生为中心”的理念，它重视学生、尊重学生，把学生放在教学的中心。人本主义教育理论对教学

---

① 陈明. 人本主义心理学教育观与道家教育观的共通之处 [J]. 现代大学教育，2018 (5)：8-12.

评价有两个启示：一是“以学生为中心”的教学评价应当通过学生的发展状况来反映教学的质量，学生就像一面镜子，通过学生来反映学校的整体教学质量；二是学生的发展是多方面的，不是单纯的认知发展，也包括学生的情意、个性、人格等方面的发展，因此仅凭学生的学业成绩并不能全面反映学生的具体情况，也不能反映教师教学水平。①

在这一视角下，小学语文教学评价不仅仅关注语文知识技能的掌握，更重视学生情感表达、自主学习能力和创造性思维的培养，强调创造一个充满支持与鼓励的学习环境，这种环境能够使学生在学习语文的过程中感受到个体的价值被发现和尊重。这种评价方式采用多样化的方法，包括自我评价和同伴评价，这些方法不仅帮助学生认识自我，还促进了他们对自己学习途径的理解。此外，从 20 世纪 70 年代起，人本主义心理学对教学评价的影响逐渐扩展，教师更多地关注于学生学习过程中的内在动机和情感体验，而非单纯的成果输出。这种关注使得评价不再局限于学术成就的衡量，而是变成了一种推动学生个性全面发展和自我实现的工具。

这种教学评价方式，不仅提升了学生的语文能力，更重要的是，它帮助学生建立了自信，激发了他们的创造力和自我表达能力，充分体现了人本主义心理学的教育理念。

二、小学语文教学评价的教育学基础

（一）基于目标评价模式理论的教学评价

20 世纪 40 年代，泰勒创立了“目标评价模式”，这个模式是教育

---

① 赵同森. 高校“以学生为中心”的教学评价［J］. 继续教育研究，2010（12）：152-153.

评价方面首次出现、影响深远的评价模式。泰勒指出“评价过程是从教育计划的目标开始的，评价的目的是要判断教育目标的实现程度”。[①]这种模式的明确性和操作性极大地促进了教育实践的标准化。在小学语文教学评价中，可以帮助教师清晰地设定教学目标，从而更有效地引导学生达成预定的学习成果。教学过程中的每一步都应为学生的全面发展提供支持，包括基础知识的夯实与思维能力的提升。在进行教学评价时，除了考量学生是否达到了教学目标，还应从行为表现来观察学习过程中的问题，通过反馈调整教学策略，使教学活动更加符合教育目标的要求。在 20 世纪 70 年代和 80 年代，目标模式评价理论逐渐发展，成为评价学生在智力、道德、社会等多维度上发展的重要工具。进入 21 世纪，随着教育目标的不断细化和多样化，目标模式评价理论更加重视对教育活动中预设目标的系统性检验和反馈。

在小学语文教学评价中，基于目标模式评价理论，教师和评价者被鼓励将教学目标具体化、操作化，通过多样的评价方法——如自评、同伴评价、教师观察以及学生作品分析——系统地收集数据，以判断学生是否达到了预定的语文学习目标。这种评价方式强调目标的具体实现，不仅衡量学生在语文知识和技能上的表现，更关注他们的思维发展、创造力和情感态度，确保教育活动全面促进学生的综合语文素养提升。

（二）基于建构主义理论的教学评价

建构主义理论，作为一种以学习者为中心的教学理论，强调学习是学习者基于自身经验、兴趣和先验知识，通过与环境的动态互动而进行的主动构建过程，建构主义教学评价的重点在于知识获得的过程，

---

① 杨磊，朱德全. 核心素养课程开发评价：以泰勒模式为参照 [J]. 教学与管理，2019 (33)：71-74.

认为怎样建构知识的评价比对结果的评价更为重要。[①] 20世纪中叶，随着皮亚杰等思想家对学习者主动性和建构性的强调，建构主义学习理论逐渐成为教育理论和实践的重要基石。到了20世纪80年代，教育学者布鲁纳进一步发展了发现学习理论，提倡通过探索和问题解决来促进学习者对知识的深入理解和内化。进入21世纪，这一理论得到了更广泛的应用，特别是在如何通过社会文化活动和技术媒介增进学习者的认知发展上。在小学语文教学评价领域，建构主义理论提倡评价方法应关注学生如何在语文学习中构建意义，重组知识结构，并在此过程中实现个人的认知和情感发展。教学评价不仅仅关注学生学业成绩的量化指标，更强调评价过程本身应成为支持学生深层学习和意义构建的一部分。这种评价方式促进了教师对学生在阅读、写作、听说等方面能力的全面观察，评价的实施也更加注重反馈的即时性和构建性，帮助学生在日常的学习和实践活动中不断地调整和优化自己的语文学习策略。

因此，基于建构主义学习理论的小学语文教学评价，不仅是对学生学习成果的一种衡量，更是一种促进学生主动学习和个性发展的教育实践。它通过激励学生探索语文的内在意义和应用价值，使得教学评价成为推动学生综合语文能力发展的重要工具。

（三）基于有效教学理论的教学评价

基于有效教学理论的小学语文教学评价关注教学活动中的成果实现，旨在测量和反映学生在教学过程中的具体进步和发展。这一理论的核心在于“有效性”，即通过有效的教学准备、有效的教学活动和有效的教学评价促进学生学习与发展，不仅仅关注教师和学生在教学过

① 牛富荣．财政学翻转课堂教学质量评价体系的构建［J］．山西财经大学学报，2020，42（S2）：125-128.

程中做了什么，更加关注教学行为所实现的教学效果。① 教学的成功在于学生的学习成果而非仅仅教学过程的质量或内容的丰富性。20 世纪上半叶，随着教学科学化运动的兴起，教育者开始重视教学的实际效益，特别是在学生学习成果的表现上。这种观点强调，无论教师投入多大努力，如果学生未能取得明显的学习成果，则教学活动不可视为有效。在小学语文教学评价中，这一理论要求教师将教学设计和实践紧密结合，确保教学目标的达成与学生学习成果的实现。教师需要通过具体的教学策略，如合理的课堂互动、有效的教学方法和适时的学习反馈，来促进学生在语文知识、技能以及情感态度等方面的全面发展。此外，基于有效教学理论的评价不仅注重学生的认知成就，也关注其非认知能力的提升，如创造性思维和问题解决能力，进而评价教学的全面效果。

因此，基于有效教学理论的小学语文教学评价，不仅是一个结果的测量，更是一个过程的优化。它强调通过对学习成果的系统评估来反馈教学策略的有效性，确保每一次教学都能够在促进学生全面发展的同时，达到预定的教学目标，从而实现教学活动的最大效益。这种评价模式对于提升教育质量和推动教育创新具有重要意义。

（四）基于后现代主义理论的教学评价

后现代主义是 20 世纪五六十年代流行于欧美的相对于现代主义的一种新文化思潮，我国进行基础教育课程改革时，后现代主义已有了广泛的传播和发展，影响到了教师在课堂评价方面的策略和模式。② 它认为学习是一个多元化、非线性和反常规的过程，其核心思想是认识到知识的相对性和社会构建性，强调文化差异和个体多样性的重要性。

---

① 陈佑清. 论有效教学的分析模型 [J]. 课程·教材·教法，2012，32 (11)：3-9.

② 吴蓓蓓，张小菊. 后现代主义视野下的基础教育课堂评价转变 [J]. 湖北师范大学学报（哲学社会科学版），2019，39 (1)：123-126.

在小学语文教学评价中，后现代主义理论提倡打破单一标准和统一评价模式，强调评价应多维度、多角度地反映学生的语文学习和语用能力。例如从注重基本技能、基础知识的掌握转向知识、技能、情感等能力的培养；由偏向教师为主转向师生共同参与；由学生知识掌握情况转向学生各项能力发展；由单一质性评价转向多种评价方法相结合。

同时，一些教育思想家意识到传统教育模式在应对全球化和信息化时代的多样性和复杂性方面存在局限。他们提出，教学评价应超越传统的标准化考试，强调学生批判性思维和创新能力的培养；21 世纪初，随着社会对个性化和差异化教育需求的增加，后现代主义理论在教学评价中的应用日益增多，倡导使用更灵活、开放的评价方法，以适应不断变化的教育需求。因此，基于后现代主义学习理论的小学语文教学评价，不仅是对学生语文知识和技能的评估，更是一种促进学生独立思考和文化批判能力的教育实践。这种评价方式鼓励学生在学习语文的过程中，探索多元文化的价值、理解语言的多样性，并在此基础上建立自己的语文认知和表达方式，从而更全面地发展学生的语文能力和人文素养。

第二节　小学语文教学评价的实践原则

一、自主成长，持续发展

发展性始终与学生的自我成长密切相关。小学语文教学评价是指导学生在学习过程中对语文知识进行内化，形成深刻的内心反应和个人感悟的过程。在这一过程中，学生需要根据自身的需求、价值观念、认知能力、情感倾向及以往经验等，全方位地理解、感受并构建知识框架，从而培养出对语文学科的独到理解和见解。教师的角色不应是替代学生思考的传知者，而应通过激发学生的学习兴趣和求知欲，促使学生充分体验学习过程，自主掌握学习策略和知识点。

教学评价若未基于促进学生自主认知的原则进行，它可能仅仅停留在传授知识与技能的层面，难以引导学生形成个人的思维方式和价值观。只有当学生能够主动探究、理解材料，并在学习中获得个人独到的见解与情感体验，积极参与每一个学习阶段，他们才能真正实现自我成长的目标，并在此基础上持续发展自己的学习能力。这种评价方式不仅关注学生的学术成就，更加注重学生能力的全面发展和长远进步。

二、全域观察，综合评价

有效的教学评价依赖于全面而深入的观察与分析。全域观察、综合评价的实施必须建立在教师对学生全方位理解的基础之上，这包括学生的知识掌握、思维能力、情感态度等各个层面。这种评价方法强调了评价活动本身是一种包含多元维度的教育过程，旨在深化学生的学习体验。教师在这一过程中转变为学生学习旅程的伙伴和引路人，与学生共同面对挑战，分享成功。在这样的评价体系下，教师和学生共同构建了一个互动和反馈的生态，教师通过观察和分析学生在各种学习活动中的表现，提供具有建设性的反馈。学生在这种开放和鼓励探索的环境中，被激励去主动探索知识，评价过程自然而然地成了学习过程的一部分，不再是一种单向的知识被动接受。评价的重心从单一的结果转移到了学习的过程上，重视学生在学习过程中的主动探索、思考和实践。目标是培养学生的批判性思维和创造性解决问题的能力，使学生在享受学习的同时，也能全面地、深入地理解和掌握语文知识，达到综合素质的提升。这种评价方式更像是一场师生共同参与的学习之旅，而非单纯的知识检验，使学习真正成为一种充满乐趣和发现的过程。

三、开阔视野，多元接纳

教学评价的过程是一个动态的、互动的交融过程，即评价者与被评价者在评价活动中的相互作用和整合。实施开放性的小学语文教学评价，教师的角色是要激活传统的、静态的评价方法，使之变得更加灵活和多元。这需要教师根据学生的具体需要，引入创新的评价机制，整合多样的评价工具和方法，让评价过程成为开放的、互动的、充满活力的学习评价活动。开放性评价也要求教师承认学生在评价过程中的个性差异，尊重每个学生面对评价时的真实感受。此外，开放性的评价不仅涉及对学习成果的评价，还涵盖了学生对学习过程的感受、对学习价值的认识、对学习策略的应用，以及在学习中的社交互动等多方面的体验。开放性原则要求评价的目标和内容跨越传统学科界限，融入社会、情感等多元领域，确保评价内容和方式的丰富性和多样性。通过这种开放和多元的评价，小学语文教学评价不仅促进学生的知识掌握，更全面地促进学生的个人成长，使评价本身展现出独特的教育意义和魅力。

四、积极参与，自我引领

小学语文教学评价的核心在于鼓励教师和学生共同积极参与评价活动，从而提升评价的实效性和实际应用性。在这一评价模式中，教师应减少单向的知识传授，而更多地引导学生通过实际操作和互动学习来深化理解。评价过程应成为学生展示自我引导能力的平台，通过不同的语文活动，如课堂讨论、写作任务和口语表达，学生可以在这些真实的语文实践中测试和展示他们的语文能力。教师在设计这些评价活动时，应确保活动能激励所有学生的参与，使每个学生都有机会表达自己的观点和思考，同时在活动中学习如何自我评估和反思。通过这样的互动和参与，学生不仅能够在语文学习中积极发声，还能在评价过程中实现自我成长和能力提升，真正体验到通过主动参与和自我引领的学习过程中的成就感和学习的乐趣。

五、教育导向，自我实现

小学语文教学评价注重教育的指向性和学生的自我实现，关注学生的个性发展和实际需要。因为教育的目的是培养学生的全面能力，它是个性化的、发展性的、触手可及的。小学语文教学评价所关注的是学生如何将学到的语文知识和技能与自己的内在成长联系起来，是对自我能力的一种发现和提升。语文教学评价不仅要求学生掌握课本知识，还要引导他们探索和感悟语言的内涵，将所学知识与个人成长相结合，或者通过教师创设的情境让这一过程具体化，使学生通过亲身体验，生动地认知、理解和运用知识。语文教学评价应从过去的标准化、模式化的框架中转向关注个体差异，让学生在学习中深刻体会到自我实现的过程，从中学会区分好与坏、是与非，并在日常学习和交往中学会成长。语文教学评价使学生不仅限于理解教材内容中显现的、在场的知识点，摆脱单一的权威解释、标准答案的限制，不去专注于机械记忆和生搬硬套的重复，而是在不断理解教学内容的过程中理解自己、理解生活、理解社会，并不断融入自己充满情感的个性化体验。

第三节　小学语文教学评价的价值意蕴

一、有利于教师调整教学策略，提高教学效率

在传统的教学评价中，教师往往依赖标准化的考试和作业来衡量学生的学习成效，其主要作用是检验和复述已教授的知识，而学生则是结果的被动接收者，主要任务就是展现在这些标准化测试中的表现。在这个过程中，学生像是一个输出成绩的机器，不需反思，只需按部就班地复现已学知识。教师的“评”是命令，“学”的表现是应答。非标准答案的所有可能性仿佛都与评价无关。相反，在现代语文教学评价中，教师会根据评价结果及时调整教学方法和内容，让每个学生根据自身的理解和反应，按照自己的学习节奏、适应自己的学习特点去思考和理解，形成个性化的见解。这种教学评价的核心是让教师根据学生的反馈独立地调整教学策略，强化了教师对教学的主动调整和对教学效率的有效提升，保证了教学调整的及时性和适应性。

二、有利于教师进行反思教学，提升专业技能

小学语文教学评价是为了让教师更有效地掌握教学效果，并在此基础上进行教学方法的优化和调整，使教学策略更加科学。如果教学方法只停留在理论的层面，没有在实践中得到检验和反思，那么，可以说这些方法对教师的指导作用就不是那么实际，只不过是停留在理论的讨论上。“知行合一，方显真知”，这就是教学评价所要强调的。评价为理论与实践之间搭建起了一座桥梁，使得教师在遇到教学难题时能结合反馈来调整和优化教学策略，从而获得新的教学理念和技能。

比如，教师在课堂上讲解“文言文的解读”，是理论传授；而通过观察学生的学习反应和作业表现来调整教学方法和内容，便是评价的应用。这比单纯的理论讲授更能促进教师理解教学实际效果，而教师自然会更快地将新的教学策略融入教学中，取得更优的教学成果。

三、有利于学生理解学习目标，增强学习动力

新课程标准强调，以深化理解和提升积极性为关键，建立新的教学评价体系。评价是学习目标明晰和学习动力增强的桥梁。在有目的的评价中，学生可以摆脱被动学习的限制，主动寻求知识的深层含义。也就是说，在小学语文教学评价中，学生的思考空间被拓宽，能在学习过程中形成更多独到的见解，或者进行深入思考，学生的认知活动得以自由展开。在评价的过程中，学生可能会遇到理解上的困难，这时教师的适时反馈极为关键，学生通过自我调整和努力解决问题，从而理解学习目标，增强学习动力。没有有效的评价，学生的学习就只能依赖于外部的驱动，容易失去主动性，也就难以形成持久的学习兴趣。没有合理的评价，学生在学习过程中不能有效反思，动力提升也自然难以实现。

四、有利于学生加强自我认知，促进能力发展

学生在教学评价中获得的反馈，无论是正面的还是需要改进的，都是通过自身的思考和努力内化为能力。在这个转化过程中，教学评价起着至关重要的作用。教学内容和评价方式的多样性，只有通过个体的自我反思，才能真正地转化为个人能力的提升。小学语文教学评价关注学生认知的完整性，关注学生在掌握知识的同时，通过自我认知的深化，融入情感和价值观的体验，使知识转化为能力并影响个人

的行为和思维。评价过程中最重要的一点是自我认知的加强，自我认知的深化取决于对学习体验的反思和理解。因此，如果缺乏对个人学习过程的深入评价，也就难以实现能力的全面发展和情感的积极构建。自我认知的教育过程从某种意义上来说，就是丰富人的内在体验，使学生生活在真实的而不是抽象的学习环境中。教师要通过细致的教学评价，让学生获得更直接的反馈与启发，促进其自我认知的加强和能力的全面发展。

五、有利于提高学生参与度，增强课堂互动

在传统的小学语文课堂中，教师通常扮演知识传递的角色，学生则处于被动接受的位置，主要任务是接收并记忆教师所讲授的内容。在这种情境下，学生往往像是一个需要被填满的容器，缺乏主动性和创造性。随着课堂评价的不断普及，通过采用多元化的评价策略，如项目作业、口头报告和小组讨论，教学评价鼓励学生根据自己的兴趣和学习风格，主动参与课堂活动，这种评价方式增强了学生在课堂上的互动和参与度，还通过互动加深了学生对语文知识的理解和应用，从而使学习过程更加丰富和生动。

教师在这一过程中，更多地扮演指导者和促进者的角色，而非单一的知识传递者。这样的评价策略不仅提高学生的参与度，还显著增强课堂的互动性，使教学更加符合学生的个性化需求，从而促进学生能动性的发展和课堂学习效果的优化。

第三章　评价标准：小学语文教学评价的精准分析

小学语文教学评价是教师通过对学生的学习成果、学习过程和学习态度进行系统的观察、记录和分析，以此为学生的学习提供反馈、指导和激励。它旨在促进学生综合语言运用能力的培养，进而提高他们的思维能力、沟通能力和创造力。教师通过观察学生的学习表现和分析学生的作业、测试等多种形式的表现，考虑到学生的年龄特点和学习需求，设计合理的教学活动，让学生在实践中不断进步和成长。小学语文教学评价可以分为以下几个方面：形成性评价，也就是过程性评价，主要关注学生学习过程中的表现，如课堂参与度、日常作业和小组互动等。通过这种评价，教师可以及时调整教学策略，帮助学生在学习中发现问题并指导他们如何改进。总结性评价，也就是结果性评价，主要关注学生在一定学习阶段后的成果，如期末考试和学期总评等。这种评价帮助教师和学生了解学习成果的整体水平，为下一步学习或教学活动的规划提供依据。诊断性评价，也就是分析性评价，主要用于诊断学生在学习中遇到的具体问题，如阅读理解、文字表达等方面的困难。通过这种评价，教师可以针对性地提供补救措施，帮助学生克服困难。小学语文教学评价不仅可以帮助教师了解学生的学习情况，还能激发学生的学习兴趣和自我改进意识。通过持续的反馈和合理的激励，教师可以引导学生自我反思，进而提高自主学习的能力，从而对小学语文教学评价标准的优化产生积极影响，使其更加科学、合理和具有前瞻性。通过深入分析，期待为小学语文教学评价提供一套更加精准和实用的评价标准，从而更好地服务于教学实践，推动学生能力的全面发展。

第一节 小学语文教学评价标准优化的实施策略

小学语文教学评价标准优化的目的是提高评价的科学性与实效性，使评价更全面地反映学生的语文学习成果，促进学生语文能力的全面发展。在这一过程中，教师扮演着关键角色，他们可以通过设计多样化的评价方式、进行持续的形成性评价、利用信息技术工具、参与专业发展培训，以及与同行进行有效的交流与协作，来实现评价标准的优化。学生的参与对评价过程同样产生了积极的影响，他们的反馈可以帮助教师调整教学策略，从而更好地满足学生的学习需要。优化实施的核心在于整合和应用多种评价方法，特别是将信息技术工具与多维评价结合起来，以确保评价的公正性和全面性。

传统的小学语文教学评价标准主要以笔试和书面作业为主，这种方法虽然简单易行，但往往忽视了学生语言实际运用的能力和创造性思维的发展。优化目的在于通过教师的专业发展、科技辅助的评价工具和多元化评价方法的实施，来提高评价的有效性，从而更好地促进学生的语文能力和创新能力的发展。

小学语文教学评价标准优化主要从以下几个策略来进行：首先，采用基于能力培养的评价标准，注重评价学生的语言实际运用能力；其次，实施多元化的评价方式，如同伴评价、自我评价及项目式学习的评价等；最后，利用现代信息技术提高评价的准确性和及时性。也就是说，小学语文教学评价标准优化主要有能力培养、多元评价、信息技术应用这三个策略。通过这些策略，我们的目的是提高教学和评价的有效性，使评价更全面地服务于学生的学习和发展。

一、能力培养，聚焦语言

教育家杜威有一句名言是这样说的："教育的目的不在于生存的知识，而在于行动的能力。"确实，评价不应该仅仅成为一个测量学生成绩的工具，它应该成为一个促进学生全面发展的平台。在这个过程中，能力的培养显得至关重要，因为它是衡量学生学习深度和实用性的重要标准。能力是学生个人成长和学术成功的基石。不论是学业表现优异的学生还是需要额外支持的学生，能力对他们来说都是推动自我发展和实现个人潜能的关键。它影响着学生的自我认知，可以激发他们的学习兴趣和积极性。因此，在小学语文教学评价中，能力的培养不应仅仅关注语言知识的积累，而应是一种全面的教育策略。这种策略注重于如何将语文知识与实际生活和思维能力相结合，使学生能够在真实世界中有效地运用他们的语言技能。然而，作为小学语文教学评价的能力并不是一个单一维度的考量，它需要根据学生的个体差异进行调整，以学生的需求和利益为立足点，坚持全面和持续发展。通过结合形式多样的教学方法和评价工具，教育者可以在评价过程中更好地引导学生反思和提升自我，进而达到培养学生综合语言运用能力的目的。这种方法不仅可以帮助学生建立正确的学习态度，还可以促进他们在学习中获得成就感和满足感。

陶罐和铁罐①

"同学们，你们学习了《陶罐和铁罐》，一定有很多感触吧？如果时间给铁罐一粒后悔药，它重新活过来了，它已经意识到自己的问题

---

① 赵秀峰. 论小学语文课堂教学多元评价育人价值与实现路径［J］. 现代教育，2022（7）：15-19.

所在，请你写一写它与陶罐之间的对话，注意写清提示语，并用上合适的描写神态的词语。”

……

铁罐羞愧地低下了头：“陶罐兄弟，这么多年没见，你还是那样光鲜亮丽，而我却锈迹斑斑了……”

“啊？真的是你，铁罐兄弟！还能再次见到你，我真是太高兴了！”陶罐惊讶地说。

铁罐诚恳地说：“这么多年，我终于明白了，每个人都有自己的长处和短处，我们不能拿自己的长处去和别人的短处比，而是应该学习别人的优点，正确看待自己的缺点。”

“是啊，‘尺有所短，寸有所长’，你能意识到自己的问题，我非常高兴！”陶罐欣喜不已，“知错能改，善莫大焉。让我们做好朋友吧！”

……

语文课程标准指出“语文课程为学生形成正确的世界观、人生观、价值观，形成良好个性和健全人格打下基础”，评价试题的设计不能仅局限于知识的考核，要做到“工具性”与“人文性”的和谐统一。《陶罐和铁罐》是部编版小学语文三年级下册的一篇课文，主要内容是：国王御厨里的铁罐自恃坚硬，瞧不起陶罐，常常奚落它。埋在土里许多年以后，陶罐出土成为文物，铁罐却化为泥土，不复存在。这篇课文是读写结合的好范例。传统的评价试题设计是让学生把文中的陶罐和铁罐互换性格特点，学着用课文中描写神态的提示语写好对话。学生笔下的陶罐和铁罐都谦虚、和善了，学生在写作中帮助铁罐反思、改过，同时自己也明白了做人的道理。由此可见，以积极价值观为导向的评价试题，将小学语文课堂教学中的“工具性”和“人文性”很融洽地结合在一起，为小学生树立正向积极的价值观创设了必要条件。①

此外，案例中通过让学生扮演课文中的角色，进行想象性对话，这种活动模式能够激发学生的兴趣和参与感。学生需要基于已有的故事情节和角色性格，进一步展开思维，创造出新的对话内容。这不仅要求他们理解文本，还需要他们在此基础上运用想象力和创造力，使得学习过程更加主动和富有挑战性。在语言能力的培养方面，案例中特别强调使用合适的提示语和描写神态的词语。这要求学生不仅要准确把握角色的语言风格，还要通过具体的语言细节来表现角色的情绪和心理变化。例如，铁罐使用了"羞愧地低下了头"来表达自我反省的心态，而陶罐则用"欣喜不已"来表达对朋友悔改的喜悦和接纳。这种语言上的细致描写使得对话显得生动而真实，同时也让学生在实践中学习如何运用语言来表达复杂的情感和态度。通过角色扮演和对话创作的形式，教师还能有效地评估学生对于课文深层意义的把握及其语言表达的能力。学生在创作对话时的言语选择、情感表达和逻辑连贯性等方面，都是教师评价学生语文水平和思维发展的重要依据。

在小学语文教学中，强调实用语言能力的培养至关重要。这不仅包括学生的听说读写能力，还涵盖了能够在真实情境中运用语言的能力。例如，教师可以设计一系列基于日常生活场景的交流活动，让学生在模拟购物、旅行等情景中使用语文。通过这种方式，学生不仅能够学习语言知识，还能够在实际应用中磨炼语言技能，这种策略有助于学生将学到的知识转化为生活中可以实际使用的技能。同时，这也促使教师在教学过程中更加注重语言的实际应用，而不仅仅是书本知识的传授。

培养学生的批判性思维能力是小学语文教学的另一个重要方面。

---

① 赵秀峰. 论小学语文课堂教学多元评价育人价值与实现路径［J］. 现代教育，2022（7）：15-19.

在语文教学中，通过讨论、辩论和解析不同类型的文本，学生可以学习如何分析信息，评价不同观点，并形成自己的见解。例如，教师可以安排学生阅读具有不同主题和观点的文章，引导学生思考并表达自己对文章中论点的看法。这种教学方法不仅能提高学生的语言表达能力，还能激发他们的思维活动，帮助学生在日常生活中形成独立和批判性的思考方式。此外，也为学生的终身学习和个人发展奠定了坚实的基础。

二、多元评价，全面反馈

多元评价是教学过程中不可或缺的一环。它扩展了传统的教学情境，为教育提供了一种全方位的观察和反馈机制。多元评价不仅涵盖了学生的学术成就，还包括了他们的社交能力、创造力和批判性思维等多方面的能力。当多元评价与信息技术等现代教学工具结合时，可以更有效地跟踪和分析学生的学习进度，从而提供更精准的教学调整和反馈。在实施多元评价过程中，教师可以通过不同的评价工具和方法，如自我评价、同伴评价、项目式评价等，来收集关于学生的各方面信息。这种评价方式的多样性有助于教师全面理解学生的学习状态和需要，对学生产生积极的影响，使得学生能够从不同角度认识和评价自己的学习，促进自我调整和成长。为了有效地执行多元评价，教师可以采用组合式评价策略，将传统的笔试评价与口头报告、项目作业等形式结合起来。这样的做法不仅有助于评价学生的书面和口头表达能力，也促使学生在完成任务的过程中发展其他关键技能，如团队合作和问题解决能力，最终有利于学生综合素质的提升。通过这种全面的评价体系，教师能够更好地指导学生，调整教学策略，而学生也能在一个更加丰富和充满激励的学习环境中茁壮成长。

七颗钻石①

师指名生 1 读。

师评生 1："她读出有气无力了吗？"

生齐："没有。"

师指名生 2 读。

师评生 2："这个路人有些有气无力，谁能读得更好？"

生 3 读完后，笑了。

师评生 3："严肃点。"

生指名生 4 读。

师评生 4："好的，大家都能掌握了。"

这是小学三年级的一节语文课，《七颗钻石》是俄国文学巨匠列夫托尔斯泰写的一篇童话，讲述了一个富有爱心的小女孩把木水罐里的水给需要帮助的小狗、母亲和过路人后，木水罐变成了一个泉眼，最终泉眼里出来的七颗钻石变成了大熊星座。老师要求读出路人口渴、有气无力的感觉。乍看这个教学片段没有什么问题，指点了学生读课文的方法，符合《全日制义务教育语文课程标准》第二学段中"用普通话正确、流利、有感情地朗读课文"的要求，但是评价主体几乎都是教师一个人，什么时候评，评什么甚至怎么评都是由评价者决定的。在这个片段中，被评价者全是学生，学生处于一种消极和被动的局面，没有一个被评价对象被允许表达出自己的意愿和想法，更没有产生互动性的评价。学生 3 的自尊心和自信心容易在老师那句"严肃点"的训诫式评价中受挫，从而影响其学习兴趣和积极性。②

① 谭林春. 小学语文新手教师课堂教学评价例析 [J]. 大众文艺，2018（12）：225-226.

② 谭林春. 小学语文新手教师课堂教学评价例析 [J]. 大众文艺，2018（12）：225-226.

（一）有效实施形式多样的评价

教学评价的形式是多样的，其在教学过程中的运用依据学科特性、学生的学习阶段、教学目标及评价的具体目的来决定。选择合适的评价形式可以更准确地测量学生的学习成果，同时也能有效激励学生的学习兴趣并提升学习效率。教学评价主要包括笔试评价、口头评价、同伴评价、自我评价等形式。

笔试评价是一种通过书面形式进行的评价方式，具有标准化、客观性和公正性的特点。它能较好地测试学生的知识掌握情况。

口头评价则是指通过口头表述、语言交流来对某个事物、事件、观点或者人进行评价的行为。口头评价具有即时性、互动性和主观性的特点，有助于考查学生的表达能力和即兴反应能力。

同伴评价，又称为“同伴互评”，是一种同学之间通过观察、模仿、评价对方日常的表现，互相进行评价、学习与交流思想的方式。同伴评价有助于培养学生的批判性思维、合作精神和自我反思能力，同时也可以提高学生的学习效果和学习动力。

自我评价则是指个体对自己的思想、愿望、行为和个性特点进行判断和评价的过程。自我评价是自我意识的一种形式，也是自我教育的重要条件。通过自我评价，个体可以更加客观地认识自己，发现自己的优点和不足，从而制订更好的发展计划，促使学生进行自我反思，增强自我调节能力和学习动力。

（二）巧妙整合各种评价的工具

在教学过程中，只要是有效的、科学的、可操作的评价工具，教师都可以实施，但是要巧妙地整合。评价的工具不应该孤立使用，而应该相互补充，并且要适应教学的具体内容和学生的学习需求，不然容易导致评价结果片面或失真。评价的工具有很多种，这里介绍其中的三种评价工具：概念图评价、投票系统和互动式问答。

教师根据学生的知识掌握、思维逻辑和创新能力等方面的表现来评价其学习效果。通过概念图评价，教师可以让学生更加清晰地梳理知识脉络，形成完整的知识体系。在评价过程中，教师运用概念图来展示学生的知识结构和思维路径，不仅可以帮助学生发现自身的不足，以及帮助学生在视觉上组织和关联知识，提升他们的理解和记忆能力，提高自主学习能力，还能让学生更加深入地理解知识间的联系和区别，提升思维能力和综合素质。同时，概念图评价也有助于教师更加全面、客观地评价学生的学习情况，为教学改进提供有力的依据。

教师可以根据学生的课堂表现、作业完成情况和课外拓展等综合情况，帮助学生合理进行评价。投票系统提供了一个公平、透明的评价平台，让学生可以积极参与评价过程，表达自己的观点和意见。然而，要注意的是，投票过程需要严格监督，确保每个学生都能公正、客观地投票，避免出现恶意刷票或拉票现象，影响评价结果的准确性。借助投票系统进行评价，通过即时反馈的方式，能够激活课堂氛围，同时让教师快速了解学生的意见或学习状况，使学生更加积极地参与课堂互动，也使得教师能够更全面地了解学生的学习情况，为教学提供有力支持。

在小学语文教学评价中，互动式问答是一个有效的评价工具。在学生进行课文朗读、课堂讨论或作业展示时，教师可以适时提出关键问题，引导学生深入思考并做出回答。这种问答形式能够即时反馈学生的学习情况，帮助教师了解学生对知识点的掌握程度。在评价过程中，教师要注意倾听学生的回答，并给予积极反馈和指导。通过互动式问答，不仅可以激发学生的学习兴趣和主动性，还能有效提升学生的思维能力和表达能力，促进学生积极参与课堂讨论，加深理解，并通过问题解决能力的锻炼，提升思维的活跃性，使评价过程更加全面和深入。

三、技术应用，提高效率

技术应用是现代教学环境中一种日益重要的方式，它是教师提升教学和评价效率的关键策略。在课堂教学中，教师可以通过使用教育技术工具，如智能教学软件、在线评价系统和互动平台，有效地提升教学互动，增加学生的学习动机，实现个性化学习路径的设计，从而提高学生的学习效率和教学成果的质量。在传统的教学中，教师可能更多地依赖直接讲授和书面作业，而不注重利用技术来增强学习体验。学生可能在这种环境下容易感到学习枯燥，缺乏足够的互动和参与感，这会导致学习动力的下降和学习效率的不足。因此，教师应该积极融合教育技术，以创新的方式促进学生的积极参与和深度学习。在技术应用的过程中，教师要精心选择合适的工具，设计符合教学目标的活动，注重学生的使用体验和技术的教育适应性，重视学生的反馈和数据分析，才能使教学和评价的效果实现最大化。通过这种方式，不仅可以增强学生的学习体验，还可以通过技术的优势，实现更精确的学习评估和更高效的教学管理。

如教学小学语文四年级下册《海上日出》，教师借助多媒体展示一组海上日出的图片，要求学生细致观察，结合文本内容做鉴赏分析，对海上日出特点做归结处理。学生大多没有亲眼观看海上日出的经历，对这些图片进行细心观察，结合教材内容做对接分析。有学生对文章中的“奇观”一词展开深入解读：海上日出有辽阔的大海做背景，其场面宏大，给人带来的是视觉冲击，用“伟大的奇观”来总结真的是恰如其分。教师找到这样一句话：“太阳像负着什么重担似的，慢慢儿，一纵一纵地，使劲向上升。”如何对其进行鉴赏呢？学生开始从拟人手法应用及典型词语角度做分析，逐渐找到了鉴赏切入点。教师要求学生做自评，学生如是评价自我：“初升的太阳像顽皮的娃娃，看上去有些笨拙，却透露出力量，我心里明白却没有适合的词句来解读。”

在案例中，教师借助多媒体展示海上日出的图片信息，给学生感官带来冲击。学生对场景描写做对接思考，对教师设定任务做推演处理，其调度作用更为丰富。特别是让学生自我评价，给学生更多启迪，学生对自身表现做定性评价有一定难度，只能揭示出一些心理活动，形成个性评价体系。①

教学活动是学生学习知识、提升能力的重要过程，学生在这一过程中需要不断思考、探索和实践。然而，学生总是会遇到一些难以理解或掌握的知识点，这时就需要教师有针对性地选择技术应用来辅助教学。教师应该根据学生的实际情况和需要，选择适合的技术工具和资源，精心设计教学活动，帮助学生更好地理解和掌握知识点。这样的技术应用是教学活动的重要组成部分，也是提高教学效率的关键。除此之外，应用目的的选择还应考虑技术的实用性和易用性。因此，技术应用要有目的地选择，合理整合到教学中，使学生受益最大化，同时还要注意技术的更新和升级，以适应不断变化的教学需求。

技术应用是小学语文教学评价中的重要手段，它不仅是辅助教学的工具，更是提升教学效率的关键。有效的技术应用能够激发学生的学习兴趣，帮助他们更好地理解知识，掌握技能。在教学中，教师要充分利用学生的好奇心和探索欲，从学生的实际出发，选择恰当的技术应用方式，让学生在轻松愉快的氛围中学习，提高学习效果。有学者认为，只要技术应用得当，就能显著提高教学效率。实际上，教师还需注重技术应用与教学目标的紧密结合，合理安排技术应用的时间和频率，让学生在参与中不断成长，并培养他们的自主学习能力。

技术应用在小学语文教学评价中需持续评估，确保其与教学目标

① 李纪华．借力融媒体创新小学语文阅读能力多维评价方式的研究［J］．学苑教育，2021（32）：51-52.

相契合，真正提升教学效果。技术应用是一个动态调整的过程，是教学效果优化的重要手段，是学生学习的有力支持。在实践的技术应用中，学生能够通过互动、探索和创新，使学习变得更加有趣和高效。这种技术应用应注重实效性和可操作性，教师应及时收集学生反馈，不断优化应用策略。如果我们能够持续评估并改进技术应用，就能更好地满足学生的学习需求，提升他们的学习效果。因此，我们应该更加重视技术应用的评估工作，不断完善评估机制，为小学语文教学注入新的活力。

第二节　小学语文教学评价标准优化的经典案例

小学语文教学评价标准优化的目的在于以学生的全面发展为核心，通过创新和科学的评价方法，使学生能够更好地掌握语文知识，从而提升他们的综合语文应用能力。这不仅仅是一种教学改革，而且是一种教育理念的转变，需要教师深入理解学生的学习需求，运用多元化和个性化的教学策略，使评价活动更加符合学生的学习进程和成长轨迹。随着教育技术的快速发展，小学语文教学评价标准优化日益显示出其重要性和有效性，其对提高教学质量和学生学习效果的正面影响越发显著。这些优化措施不仅改善了教学方法和评价系统，也极大地提高了教育的适应性和教学的互动性，对我们理解和实施更有效的教学评价具有深远影响。通过案例具体展示如何在实际教学中应用这些优化策略，以及这些策略如何在不同教学环境下促进学生的学习和成长，可以获得关于如何在教学实践中实施这些优化策略的实用见解。

一、经典案例

望庐山瀑布①

（让学生提前做好课前准备，上课预备铃响2分钟，学生开始朗读课文）

师：请同学把在课前收集到的有关“看”的词语和大家分享，谁先来说说？

生：观、望、瞧、盯、瞄等。

师：回答得很好，“观”“望”“瞧”“盯”“瞄”这些词都是关于“看”的不同表述，在日常生活中，有关“看”的词语非常多，但是他们的使用方法还是有区别的。这几个词分别都是怎么样“看”的呢？请同学们上台演示。

（学生演示）

师：同学们演示得惟妙惟肖，关于“看”这个字，我们通过同学们的演示获得了更广泛的认识，接下来，我们即将学习一篇与“看”这个动作有关的古诗。

语言表达和肢体展现是人们交流的重要手段，它可以帮助学生锻炼交流能力、建立和谐的人际关系。授课老师从细节出发，让学生演示关于几个不同的“看”的词语，以此来培养学生的语言表达能力和肢体展现能力。

（教师让学生观看祖国大好河山的图片，品诗词，让学生读题）

① 黄伊承．小学语文课堂评价语实施的案例研究——以卓然小学《望庐山瀑布》公开课为例［J］．新课程导学，2021（23）：39-40．

师：诗仙李白的诗篇有三绝，分别是“险峰”“云雾”“飞瀑”。今天，三绝之一的《望庐山瀑布》便是本课的学习内容，请同学们大声朗诵这首诗，在朗读的过程中思考以下问题：李白想通过这首诗传达什么样的情感？如果你能和李白对话，你会向他提出什么问题？

生1：李白在哪个位置看的庐山瀑布？

生2：庐山瀑布有多高？有多大？多壮观？

师：同学们的联想非常丰富，仿佛我们当时就和李白一起仰望庐山瀑布，那庐山瀑布究竟有多壮观呢？我们继续来了解。

授课老师注重引导学生自己思考探索，把课堂主动权交给学生，尤其是在指导阅读和互动交流环节中，授课老师让学生自我组织，相互交流，学生可以多方面、多视角揣摩诗歌的深层含义。

（教师运用多媒体教学设备展示庐山瀑布的图片）

师：结合这张图片，想象一下，刚才同学们提出的问题应该怎么回答？

生1：李白是从远处看的瀑布，因为原文用的是“望”，从作者的视角来看，代表着他距离庐山瀑布很远，这样就能望到庐山瀑布的全貌。

师：回答得非常好！我们平时看远处的景点就是用“望”，如果是近处的景点，一般用“看”。视角不同，观赏到的景色也就不同。请同学们再思考一下，李白站在远处“望”，他可能会望到什么？

生2：李白望到了“紫烟”“瀑布”等景色，因为这些“景色”都被他写进了诗句里。

师：回答准确！这些“景色”在诗中都有提到，请同学们认真思考，还能在诗句中找到哪些疑问？

生1：为什么看到了银河？

生2：为什么是紫烟？

（学生讨论中）

师：讨论结束，请一位同学来总结一下，读完这首古诗，脑海中呈现了什么样的画面？

生：李白登上香炉峰，看到庐山瀑布的水雾在微光的照射下渐渐飘散，宏伟壮丽的瀑布从高处直直流下，就如同银河一样直落下来。

师：这位同学的回答非常具体、真实，仿佛我们此刻就置身于庐山瀑布前，李白正带领着我们领略庐山瀑布的奇伟磅礴。

在教学过程中，授课老师并没有选择传统教育模式，而是通过教学评价语来启发学生，引导学生思考，鼓励学生讨论。授课老师在课堂上不仅肯定学生的回答、称赞学生的表现，还具体指出学生回答的优点，这样的评价模式能使其他学生明白这位同学得到表扬的理由，从而达到激励全体同学共同进步的目的。

师：今天我们通过《望庐山瀑布》领略到祖国的大好山水，请大家分享其他古诗，分别谈谈《望洞庭》和《望岳》这两首诗是如何"望"的？与《望庐山瀑布》这首诗里的"望"是一样的吗？

生：不一样，《望洞庭》是"遥望"，《望岳》是"俯视"，是"远望"，而《望庐山瀑布》是"远望"。

师：回答得非常好！能看出来，这位同学不仅掌握了"望"的使用方法，也对描写祖国大好山河的古诗有着充分的了解。

基于表扬的教学评价语有助于加深师生双方之间的情感，营造欢乐的课堂气氛。授课老师的评价具体清晰，详细指出了学生答对的地方，说明了赞扬学生的理由。如果教师在评价学生的回答时没有做到具体清晰，那么学生就会根据自己的想法来揣测教师的评价标准，这很有可能使学生产生理解上的偏差。①

这个案例通过对《望庐山瀑布》的深入分析，展示了小学语文教学评价标准优化的实施策略。首先，教师通过要求学生在课前准备有关“看”的词汇，提前激活学生的知识储备，为课堂讨论设立基础，这种方法增强了学生的自主学习和参与。课堂上，学生上台演示不同的观看动作，教师有效地结合语言学习与肢体表达，不仅增加了学习的趣味性，还帮助学生更深入地理解词语的含义和用法。此外，教师通过多媒体展示庐山瀑布的图片，为学生提供直观的学习材料，帮助他们更好地理解和想象诗中描述的场景，这种视觉支持是非常有效的，尤其是在处理古典文学的教学中。

在教学过程中，教师引导学生探讨李白的视角、情感和诗中的意象，鼓励学生发展批判性思维。学生被鼓励提出问题并进行小组讨论，这种策略不仅促使学生深入文本，还锻炼了他们的思考和表达能力。通过正面反馈和具体赞扬，教师不断激励学生，例如表扬学生对于“望”的理解和运用，这种积极的反馈机制不仅增强了学生的自信心，也促进了学生间的积极竞争和模仿学习。

总的来说，通过多样化的教学活动和策略，这个案例成功地提高了学生的语言能力和批判性思维，同时增强了他们对中国古典诗歌的欣赏能力和理解，展示了一种高效且具有启发性的教学模式。

二、实施策略

在小学语文教学中，通过创新的教学方法和多样化的教学活动，可以有效地提升学生的语言表达能力和文学鉴赏能力。《望庐山瀑布》

---

① 黄伊承．小学语文课堂评价语实施的案例研究——以卓然小学《望庐山瀑布》公开课为例［J］．新课程导学，2021（23）：39-40．

的教学案例充分展示了如何利用课前准备、多媒体教学工具和互动讨论来优化教学评价标准，增强学生的主动学习意识和批判性思维。在这个基础上，我们将继续探讨具体的实施策略，这些策略旨在进一步发挥教学活动的效能，确保每个学生都能在课堂上获得积极的学习体验。实施策略包括引导学生日常主动反思、培养学生的批判性思维及以现代信息技术为辅助，以便更好地实现教学目标，提升教学质量。

（一）引导学生日常主动反思

传统上的教学评价以结果为主，有着快速、直观判断学生学习成果的优势。然而，由于教育目标是培养学生的综合能力，存在着过分强调分数和结果、忽略学习过程中的反思和自我调整等待改进的地方。这些问题就导致了学生依赖性强、创造性和自主学习能力弱的现象，使得学习效果不尽如人意。小学语文教学评价标准优化正是针对这些问题而设计的，能够引导学生在日常学习中进行主动反思。教师在进行评价时，不仅仅是衡量学习结果，还是激励学生自我审视和提升的过程。这样不仅可以帮助学生更好地理解学习材料，还能促进其自我驱动和责任感的提升，因此显著提高了学习的深度和持久性。通过这种方式，教师不仅评价学生的学习成果，还通过持续的反馈和引导帮助学生建立起持续学习和自我提高的能力。

（二）培养学生的批判性思维

在课堂上，教师向学生传授知识，不如激发他们思考；提供答案，不如引导他们提问。美国哲学家约翰·杜威曾经说过：“教育的目的不是为了学习某种特定的知识，而是为了学会思考。”知识和信息尽管可以填充脑海，但可能不能激发深层次思考，不如教他们如何质疑，不如引导他们如何批判。随着新课标的推广，小学语文教学评价标准优化越来越重视批判性思维的培养。但是，在实际中，小学语文教学评价标准优化往往还是过于侧重于记忆和重复，更有甚者侧重于应试。因此，教师在进行小学语文教学评价标准优化时，要注重培养学生的思考能力，而不是为了单纯应对考试。通过提问、讨论和批判性分析文本等方法，教师可以有效地培养学生的批判性思维，帮助他们形成独立的见解，提高他们的语文综合运用能力。这种方法不仅符合现代教育的要求，也为学生的终身学习和个人发展奠定了坚实的基础。

（三）以现代信息技术为辅助

信息技术是现代教学的催化剂，极大地促进了学生的学习体验。学生的学习效率和教师的教学方法随着信息技术的应用得到了极大优化，教学评价标准优化因此能够更精准地反映学生的真实学习状况。这就极大地提升了教学质量，使教学评价标准优化成为可能。在技术应用上，数据分析和机器学习都有助于对学生学习行为的深入了解，个性化学习路径也因此得以实现，但是教师应该审慎选择适合的技术工具。小学语文教学评价优化的本质是促进学生全面而均衡的成长，通过评价激发学生的兴趣，提升其学习动力，并最大限度地发挥其潜能。因此，教师在评价时要综合运用信息技术，应该侧重于如何利用这些技术增强学生的互动和参与，提高评价的公正性和实效性。

三、实施方法

在设计实施策略的基础上，还需要我们探讨具体的实施方法，这些方法是在教学现场具体执行策略的手段和步骤。众所周知，优化小学语文教学评价标准不仅仅涉及策略的设计，还包括如何有效地将这些策略转化为实际可行的教学行动。在实施方法部分将详细阐述建立评价反思日志，在学习过程中记录和分析；设计批判思维任务，在互动过程中促进思考；利用教育技术平台，在评价过程中实时反馈。这些实施方法旨在将理论转化为实践，确保每项教学活动都能达到最优的教学效果。

（一）建立评价反思日志，在学习过程中记录分析

在教学评价中，教师要真正理解学生的学习状况，就必须细致记录和分析学生的学习过程。教师通过建立评价反思日志，能够系统地跟踪每个学生的学习进展和问题，进而及时调整教学策略；能够记录学生的反馈和自我感受，有利于理解学生的个人需求，促进个性化教学；有利于促进教师与学生之间的沟通，提升教学互动的效果；能够收集长期的教学数据，为教学研究和评价提供实证基础。那么，教师应该如何建立评价反思日志呢？第一，明确记录的内容，包括学生的学习成绩、学习过程中的表现、自我反馈以及教师的观察等；第二，规定记录的频率，如每次课后或每周总结一次，以保证信息的时效性和完整性；第三，使用合适的工具和平台，如纸质日志或电子记录系统，以便于整理和回顾；第四，定期回顾和分析日志内容，与学生讨论改进策略，促进学生的学习进步和自我调整。通过这些具体的步骤，教师可以有效地实施评价反思日志，深化教学评价的意义和效果。

（二）设计批判思维任务，在互动过程中促进思考

在教学评价中，教师所进行的评价也是一种学习互动，学生在互动中被鼓励表达自己的观点和理解，进而提升他们的思考和理解能力。教师通过设计批判性思维任务让学生进行互动讨论，能够激发学生的好奇心和探究欲，提升他们的分析和论证能力，进一步培养他们的独立思考能力。因此，教师要根据学生的认知水平和兴趣，针对互动内容，开展多样化、层次化、具有挑战性的评价任务，引导学生在思考中发问，在评价中求证，在评价中反思；使学生能够在确认自己的理解的同时，也检视和质疑已有的知识，引导学生建立批判的视角，进而达到深化学习内容的目的。这种评价方式不仅让学生在学习过程中积极参与，而且通过深入思考和互动，促进了学生批判性思维能力的全面发展。

（三）利用教育技术平台，在评价过程中实时反馈

在教学评价中，教师进行评价的目的还在于指导学生更好地理解课程内容，并促进其持续进步。也就是说，教师要让学生在评价中能够自我诊断、及时调整学习策略、提升学习效率，而不仅仅只作为一个结果的反馈机制。通过利用教育技术平台，学生能更直观地看到自己的进步和不足，获得即时的反馈，认识到自己的学习差距，体会到学习的成就感，激发自我提升的动力，进而优化和调整自己的学习方法。利用教育技术平台，教师要精心设计互动和评价模块，包括设定明确的评价标准和反馈机制，使学生可以在完成任务后立即了解自己的表现。这样的设置不仅帮助学生及时了解自己的学习状况，还能在必要时获得教师的个性化指导，从而真正实现评价活动的教育功能，使其成为学习过程中的一个有益支持。

第三节　小学语文教学评价标准优化的总结反思

小学语文教学评价标准优化是一种系统的改革。它的提出，对提升教学质量、优化学生的学习体验、推动教育公平，不可置疑起到了巨大的作用。但是，对于什么是真正有效的小学语文教学评价标准优化，以及怎么进行这一过程的优化，还存在理论与实践的脱节和方法上的不足。如果不采取有效措施来解决这些问题，就会影响小学语文教学评价标准优化的进一步开展，可能导致改革成果不稳定，难以持续。在进行教学评价标准的优化时，我们需要不断地反思和总结，确保教育改革措施能够真正符合教育教学的实际需求，同时也需要教师、学校管理者、政策制定者以及学生和家长的共同参与和支持，共同推动教学评价标准的持续优化和发展。

一、小学语文教学评价标准优化要注重学生全面发展

在小学语文教学评价标准优化中，评价的进行要注重学生全面发展和学生的需要。教学评价本来只是一种工具，它的本质和目的是促进学习，提升教学效果。评价是否有效，主要是要看是否能促进学生的全面发展，是否能够激发学生的学习兴趣和自主学习能力。但是，在实践中往往会出现这样的现象：有些教师过分注重成绩，为了追求高分数，但是没有重视学生能力的培养；评价方式的选择，评价主体的确定及评价内容的设计不是为了学生的成长，而是为了应对检查或考试。评价完成后，学生对评价进行应对，他们往往感到压力而非激励等。这种评价方式的本质和传统评价方式没有多大的区别，仅仅是形式上的变化，学生没有得到真正发展。没有深入的小学语文教学评价标准优化，只是停留在表面，或者简单地应付，这样的小学语文教学评价标准优化是没有意义的。因此，教师在对评价标准优化时，一定要深入理解评价的真正意义。

在小学语文教学评价标准优化的过程中，我们不能单纯地关注于学习的结果，更应视其为推动学生持续成长的重要工具。教学评价若忽视学生的个性化需求，便可能转变为一种学习负担，从而抑制学生的创造力与探索欲。因此，教师在优化语文教学评价标准时，应积极倾听学生的反馈，关注他们的感受和意见，基于此调整教学策略和方法。为了实现教学评价的公正性和全面性，教师需要确保评价方式的多样化。这意味着评价不能仅依赖于传统的书面考试，也应包括对学生学习过程的持续观察和评价。通过这种方式，可以更全面地理解学生的学习状态和进步，从而提供更加个性化的教学支持。

此外，将过程评价纳入教学评价体系中是非常关键的。这不仅有助于识别和鼓励学生在学习过程中的努力和进步，也可以通过持续的

反馈和鼓励，帮助学生在学习旅程中建立自信，激发他们的内在动力。一个优化的评价系统应当能够公正地反映学生的全面能力和学习成果，同时也促进他们的全面发展和创造潜能的培养。

二、小学语文教学评价标准优化要结合现代教育技术

当下，小学语文教学评价标准优化存在着几个问题，主要是学生的表现被不完全或不公正地评价。有很多教师只是关注学生的考试成绩，忽略甚至不重视学生的思维能力和创造力评价；也有的教师过度赞扬学生，使得评价失去了客观性。究其原因，是学生的表现多样，而教师的评价方法单一。在小学语文教学标准优化中，教师需要更加科学地进行评价，而学生应被鼓励展示他们的真实能力。对于特别优秀或者需要额外帮助的学生，教师往往需要采取不同的策略，可能会过度关注这些学生，而忽视了大部分学生的平均需求。学生是教育活动的主体，没有学生的参与会导致教学效果的降低，动力的缺失。所以，在小学语文教学评价标准优化过程中，教师要采用多样化的评价方法，利用现代教育技术，实现个性化和精确化的教学评价，对学生有实质的教育意义。技术如智能分析系统和在线反馈平台，可以帮助教师更好地理解学生的学习状况，实时调整教学策略。学生通过这些平台的互动和反馈，能够自我诊断学习问题，进而达到自我提升的目的，也就是促进学习自主性。

教学评价标准优化是提高教学质量的关键，没有标准优化可能导致教学方法的落后。现代教育技术是工具，起着信息传递和处理的作用；而教师是教育者，起着引导和教育的作用；而评价标准优化是桥梁，它起到了连接教学和学习的作用，让评价更加公正，也更加高效。所以，教师在实施评价时，才能真正提高教学质量，使得学生在语文学习中取得更全面的发展。

三、小学语文教学评价标准优化应强化教师专业发展

传统的评价方式以结果为主，教师侧重于分数，学生则专注于应试。在这样的评价方式下，学生被视为分数的生成器，教师则成为分数的管理员。但是，教师对教学质量的提升要持续关注，要求小学语文教学评价标准优化是一个全面提升教师教学能力的过程，而不是简单的分数记录。教师在评价中不应仅是执行者，而是引导者。教师要主动探索有效的教学方法，要不断学习新的教育理念和技术。作为学生的引导者和榜样，教师要通过优化评价标准，让学生体会学习的深度与乐趣，掌握知识，而不是仅仅追求分数。总而言之，小学语文教学评价标准优化是一种教育革新。教师的角色是教育者和创新者，而不是监督者，甚至是执行者。

小学语文教学评价标准优化的实施是一项系统工程，教师要在理念更新、方法创新上下功夫。在评价标准优化过程中，教师要积极参与评价方法的设计，学习并应用新技术，积极反思和调整自己的教学策略；要与同行进行经验交流，接受专业培训，提升个人的教学和评价能力，让评价真正成为促进学生全面发展的工具。

新课程改革的核心是提高教育质量和培养学生的全面能力。小学语文教学评价标准优化在落实这一目标的进程上扮演了关键角色，因为它重新定义了评价的目的和方法。与传统的小学语文教学评价标准相比，优化后的标准更注重形成性评价，为学生提供了更多的学习反馈和自我改进的机会；学生通过参与评价过程，能更好地理解自己的学习状态和需求；这种评价方式为学生的个性化学习提供了支持；同时，它也促进了教师的教学方法和策略的革新；整个过程促进了教师与学生之间更有效地互动和沟通。小学语文教学评价标准优化要持续发展，需要教师积极地参与其中，根据教学实际和学生的具体需求调

整评价策略，并且不断地接受新的教育理念和技术培训，从而更好地适应教育改革的需求，提高教学质量，最终实现教育目标的全面提升。这个过程不仅是对学生的一种教育，同时也是对教师自身专业能力的提升和完善。

第四章　评价主体：小学语文教学评价的主体意识

在新课程改革的浪潮下，小学语文教学评价体系正在经历一场深刻的变革。这场变革旨在突破传统评价的局限，为学生的全面发展奠定坚实的基础。在这一进程中，评价的范围已经从单一的知识掌握检测转向对学生能力、情感态度和价值观的全面评估。

评价主体意识的转变，是这场变革的核心。传统以教师为中心的评价模式，正在向一个更加多元、开放的体系转变。学生、家长等多方的参与，使得评价过程更为全面和公正，真正实现了以学生为中心的评价理念。特别是提升了学生在评价过程中的主体性，使他们由被动的接受者转变为积极的参与者，这无疑极大地尊重了学生的个性发展和主体意识。依据《义务教育语文课程标准（2022 年版）》，小学语文教学评价应更加重视学生实践能力和创新精神的培养，这意味着评价过程不仅要考虑学生的书面表达能力，还应涵盖口头表达、交流合作等综合能力。同时，评价的多元性和互动性也应被重视，通过自评、同伴评价、教师评价和家长评价等多种评价方式，形成对学生全面而客观的认识。

在此过程中，教师作为评价的设计者和引导者扮演着至关重要的角色。他们需要基于学生的具体情况，制定科学合理的评价方案，并且关注学生的个体差异，实施个性化教学，确保每位学生在评价中能够发现成长的契机。正如陶行知先生所强调的："教育本身无法创造新事物，但它能激发儿童的创造力，促使他们投身于创造性的工作中。”小学语文教学评价亦应启发学生的创造力，让他们在参与评价的过程中，不断地探索自我、超越自我。这不仅是评价主体意识转变的必然趋势，也是促进学生全面发展的有效路径。由此可见，评价主体意识的转变是小学语文教学评价改革的关键方向。只有将学生真正置于评价的中心，尊重他们的主体性，才能构建一个既科学又具有人文关怀的评价体系，从而为学生的全面发展提供坚实的支撑。

第一节　小学语文教学评价主体参与的实施策略

在小学语文教学评价中，多元主体参与的实施策略是至关重要的。这意味着教师不再是唯一的评价者，而是引导学生、家长以及同伴等多方共同参与到评价过程中来。这种评价方式有助于更全面、客观地评估学生的学习成果，同时也能够促进学生自我评价能力的提升，进而激发学生的学习兴趣和主动性。

多元主体参与的小学语文教学评价关注学生的全面发展。学生不再是被动接受评价的对象，而是成为评价活动的积极参与者。他们可以通过自我评价，反思自己的学习过程和成果，找到自己的优点和不足，从而明确今后的努力方向。家长和同伴的参与则能够为学生提供更多的反馈和建议，帮助他们更好地认识自己，提高学习效果。因此，在教学过程中，教师应积极创造机会，鼓励多元主体参与评价。例如，可以组织学生进行小组互评，让他们在评价他人的过程中学会欣赏和尊重他人的成果；也可以邀请家长参与到学生的作业评价中来，让家长更加了解孩子的学习情况，同时也能够增强家长对教育的参与感和责任感。

通过多元主体参与的小学语文教学评价，我们不仅能够更全面地了解学生的学习状况，还能够营造一个更加和谐、积极的学习氛围。在这样的氛围中，学生的学习动力将被进一步激发，他们的语文素养也将得到更全面的提升。因此，我们应积极探索和实践多元主体参与的小学语文教学评价策略，为学生的全面发展提供有力的支持。

一、多元主体参与，激活评价动力

在小学语文教学中，多元主体参与不仅意味着让学生、教师、家长共同参与评价过程，更深入地，它代表了一种全面、多维度的评价方式。特别是通过自评、同学之间互评和教师点评等多元主体评价，能够更有效地促进学生的自我反思，进而增强他们的元认知能力。① 传统的语文教学评价，往往只是教师单方面的“一言堂”，学生往往处于被动接受的状态，缺乏参与感和自主性。而多元主体评价不仅让评价更为全面和客观，更重要的是，它真正将学生置于评价的中心，使他们从评价中受益，实现真正的个性化学习和发展。

但在实际教学中，不少教育工作者缺乏对多元主体参与重要性的认识，也未能有效地引导和实施这种评价方式。他们可能没有意识到，传统的单向评价并不能完全满足现代教育对学生个性化和全面发展的需求。而更广泛的主体参与评价，不仅能使评价活动变得更为生动有趣，同时也更能贴近学生的实际学习需求，进一步促进其全面发展。

落花生②

一、基础知识教学

（一）活动一：认识生字

目标：认识“亩、吩”等 6 个生字。

---

① 沈晨．基于大概念的单元教学设计优化策略——以“社会争议的解决”为例［J］．中学政治教学参考，2024（5）：54-55.

② 伍敏勇．以语用为取向的小学语文阅读教学活动设计［J］．小学语文教学，2023（29）：4-5.

任务：借助拼音、请教同学等方式，读准“亩、吩”等6个生字的字音。

过程：同桌之间互读生字，互相学习。

评价：教师随机抽取部分学生读含“亩、吩”等6个生字的语段，对读错的学生进行指导。

（二）活动二：会写字词

目标：会写“亩、播”等9个字及“播种、浇水”等7个词语。

任务：正确听写“亩、播”等9个字及“播种、浇水”等7个词语。

过程：学生先自主练习字词书写，然后组内听写。

评价：教师给出含“亩、播”等9个字及“播种、浇水”等7个词语的语段，学生看拼音写汉字。写完后，学生先对照课本自查，教师再抽查部分学生的书写情况，让学生把写错的汉字和词语抄写3遍。

二、阅读方法教学

（一）活动一：了解内容，学会概括

目标：了解课文主要内容，掌握概括文章内容的方法。

任务一：默读课文，思考课文围绕落花生写了哪些内容，用“动词＋花生”进行表述。

过程一：学生先自主阅读、思考，然后在小组内交流讨论，最后全班交流。

评价一：教师随机抽取部分学生汇报，并引导其他学生对汇报情况进行点评，教师适时点评。

任务二：默读《搭石》，思考课文围绕“搭石”写了哪些内容，用“动词＋搭石”进行表述。

过程二：学生先自主阅读、思考，然后在小组内交流讨论，最后全班交流。

评价二：教师随机抽取部分学生进行汇报，并引导其他学生对汇报情况进行点评，教师适时点评。

（二）活动二：理解语句，明白道理

目标：能理解含义深刻的语句，初步了解课文借助落花生说明的做人的道理。

任务一：理解课文第10—12自然段父亲和“我”说的话的含义，说出课文借落花生说明的做人道理。

过程一：学生先自主阅读、思考，然后在小组内交流讨论，最后全班交流。

评价一：教师随机抽取部分学生汇报，并引导其他学生对汇报情况进行点评，教师适时点评并引导学生懂得抓住关键语句理解文章主旨的阅读方法。

任务二：默读《山中的老杏树》，重点理解第6自然段第2、3、4、5句话的含义，并思考文章借老杏树说明了什么做人的道理。

过程二：学生先自主阅读，思考，然后在小组内交流讨论，最后全班交流。

评价二：教师随机抽取部分学生汇报，并引导其他学生对汇报情况进行点评，教师适时点评。

三、表达方法教学

活动：学习写法，学会表达

目标：能仿照课文的写法，写出一篇由某一种事物想到某一种人的习作。

任务一：默读课文，思考课文是如何借助落花生讲道理，借助落花生抒发情感的。

过程一：学生先自主阅读、思考，然后在小组内交流讨论，最后全班交流。

评价一：教师随机抽取部分学生汇报，并引导其他学生对汇报情况进行点评，教师适时点评，最后总结：课文用桃子、石榴、苹果和落花生比较，同时借“我”和妹妹的口说出了落花生的特点，并对像落花生一样的人表达了赞美之情。

任务二：写一篇短文，写出某一事物的特点，并借这种事物抒发感情。

过程二：学生先自主书面表达，然后在小组内交流点评，最后是全班交流。

评价二：教师随机抽取部分学生的习作进行朗读，并引导其他学生点评，教师适时点评。

《落花生》一课通过学生自评、同伴互评及教师评价，全面评估学生的学习效果。此方式能够更准确地发现学生的优缺点，为针对性教学改进提供依据，有助于提高学生的阅读理解能力。

（一）增强评价意识，明确多元参与价值

在小学语文教学中，面临的挑战并非仅来源于教育资源或技术的不足，更多的是来源于教师对评价的传统观念。如德国教育学家第斯多惠曾指出："教学的艺术不在于传授本领，而在于激励、唤醒、鼓舞。"这意味着，教师的评价观念若不发生根本性的转变，学生的主动学习精神和创造力就难以被充分激发。传统的评价方式往往是教师单方面的评断，这种方式不仅限制了学生的主动性，也忽视了评价的多元性和互动性。

在义务教育新课标的倡导下，多元主体共同参与评价已经成为共识。[①] 小学语文教师需要采用新课标的观念来指导教学，转变以往在课堂上主宰一切的教学和评价方式。真诚地相信学生，并将学习和评价的主动权交给学生，这是激发学生学习动力的前提。教师应当创造条件，允许学生在语文学习中自我评价、互相评价，以及接受教师的指导性评价，这三者的结合将极大地丰富评价的内容和形式，使评价成

① 胡小鸾，吴欣歆."助作法"与"共作法"对小学语文习作教学的启示［J］. 语文建设，2023（22）：59-62.

为学生学习语文的内在需要。因此，教师必须增强评价意识，明确多元主体参与评价的重要价值。通过更新评价观念，不仅能使教育外因转化为学生的内在动力，还能将评价必需的任务变为学生的自觉要求。这种评价观念的转变，能够真正地提升学生的语文学习兴趣和效果，使教育更加符合个体发展的需求，更能体现教育的本质目标。

（二）培养评价技能，提升多元主体能力

在小学语文教学中，评价技能的构成同样关键，包括四个要素：一是基础语文知识，二是基本的评价技巧，三是评价的智力技能（如批判性思维、分析能力等），四是具体的评价方法。受到传统教育影响，教师往往过分强调前两者，而忽略了后两者，这常导致评价结果表面化，无法真正促进学生语文能力的提升和个性的发展。因此，教师应特别重视评价方法的作用。

评价方法是保证评价活动顺利进行的有关学习活动的经验系统，与学生掌握知识的效率和评价的深度密切相关，越来越受到教育者的重视。教育心理学家卡尔·罗杰斯曾经指出："教育的最终目标是学会学习。"学生自我评价与评价他人都是学习的过程，而且是高层次、深度的学习。[①] 而教给学生自主评价的方法，是实现这一教育目标的关键。

自主评价的方法，应因人而异、因学科而异，正如医生用药不能千人一方。教师应从实际出发，根据每个学生的语文学习情况，指导他们选择和发展适合自己特点的有效评价方法。这不仅包括如何客观评估自己的阅读、写作水平，也涉及如何通过评价促进思考和语言表达能力的提升。通过这种方式，教师可以帮助学生建立起一套有条不紊的评价体系，使他们在学习语文的过程中不仅仅是被动接受知识，而是能够主动掌握评价和自我提升的技能，最终达到"授人以鱼，不

---

① 熊梅，王艳玲，邓勇，等. 素养导向单元学习评价的意义、特征和策略［J］. 中国教育学刊，2022（12）：81-87.

如授人以渔”的教育效果。这样，学生在语文学习中不仅能够提升语言技能，更能在评价中找到成长的动力和方向，真正做到自主学习和自我提升。

（三）搭建互评平台，促进多元主体交流

互评平台的搭建是为了在小学语文教学中促进学生、教师和家长之间的积极交流与反馈。这种平台允许在语文教学活动开始前进行详细的计划安排，涉及互评的具体内容、评价方法和时间等方面。通过互评平台，学生能够在有计划和系统的环境中进行自我和同伴评价，有助于他们明确评价的目标、控制评价的进度，并持续地调整和优化自己的评价策略。

互评平台为学生提供了一个展示自己思考和理解能力的舞台，同时也是他们自主学习的重要驱动力。学生在自评和互评实践中，能够充分调动分析、判断、决策等高阶认知能力，特别是元认知能力参与学习，这对于提升学生自我了解、自我认可、自我反思、自我评价的能力至关重要。① 因此，教师在教学过程中应指导学生建立明确的、科学的、动态的、客观的互评计划。这样的计划不仅有助于学生在学习中自我监控和调整，也便于教师根据每位学生的具体表现进行个性化的教学调整。通过互评，学生可以定期检查自己和他人的学习和理解，及时发现并解决问题，从而减少学习过程中的盲目性，提高学习效率和质量。

二、评价内容丰富，增强参与深度

评价内容的丰富性是教育过程中的一个基本要求，它是实现学生

---

① 熊梅，王艳玲，邓勇，等．素养导向单元学习评价的意义、特征和策略［J］．中国教育学刊，2022（12）：81-87．

全面发展和自我价值的重要手段。对于小学生而言，他们正处于认知和情感发展的关键阶段，他们的参与欲望非常强烈。根据马斯洛的需要层次理论，每个人都有自我实现的需求，对于学生来说，他们期望通过多样的评价方式，得到教师和同伴的认可，从而感受到被尊重和价值的实现。

教师应当充分认识到学生的这种需求，善于创设多样化的评价机会，让学生在多元的评价中展示自己，满足自我表达的需要，展现个性，体现自己的独特才能。然而，在传统的教学评价中，很多教师可能过于注重统一的评价标准和方法，忽视了学生的个体差异和主体性，常常是教师一人“说了算”，这无形中限制了学生展示自我的空间，压抑了学生的参与热情。长此以往，学生可能仅仅成为顺从的执行者，不擅长在评价中展示自己的特色，不愿意发表个性化的见解，不敢在评价中表达自己的个性。重新厘定评价内容的“宽度”与“深度”，将学生的“成长”看作是一个系统性工程，关注多种因素对学生学习的促进作用。① 这正符合新课标的教学要求，不仅能够提高学生的学习动力，而且能够帮助他们在评价中建立自信，勇于展示自己，敢于发出自己的声音，从而促进他们个性的全面发展和自我价值的实现。

中国美食②

一、活动一：点燃炽火，激发烹饪兴趣

教师播放一段纪录片《舌尖上的中国》烹饪方式集锦，让学生初步感受不同烹饪方式的区别，引导学生用一两句话介绍自己了解到的烹饪方法。

---

① 周海银，韩璐. 大数据赋能基础教育学业质量评价的机理、困境与破解路径［J］. 现代教育管理，2024（4）：85-94.

② 胡娣，杨彦. 小学语文教学融合劳动教育的实践与探索——以统编版语文二年级下册《中国美食》为例［J］. 安徽教育科研，2024（7）：10-13.

示例：我是“中华小厨神”，我要跟大家分享的烹饪方法是……

生：我是“中华小厨神”，我要跟大家分享的烹饪方法是“煎”“炸”和“爆”。这三种烹饪方法都需要放油，煎鸡蛋放的油少，炸臭豆腐放的油多，葱爆羊肉不要放很多油，还要开大火颠呢！

师：真是个优秀的美食家！一下子给我们介绍了三种烹饪方法，把它们的相同点和不同点都讲清楚了。谁能结合生活经验，给我们介绍一下“煮”“炖”“蒸”？

生：用这三种方法进行烹饪时，水的作用就凸显出来了。煮鸡蛋用时短，小鸡炖蘑菇用时长，蒸鸡蛋羹的时候还要注意隔水蒸。

师：小小年纪，就积攒了这么丰富的烹饪知识，看来大家都是生活中的有心人呀！不同的烹饪方法制作出的食物味道有所不同。为了自己的身体健康要合理控制油炸食品的摄入量哦！

板书 6 种烹饪方法：“煎”“炸”“爆”“煮”“炖”“蒸”。

师：仔细观察黑板上的烹饪方法，你有什么发现？

生：这些跟烹饪方式有关的生字通常都有“四点底”或者“火字旁”。

生：我想补充，“煲”“烫”这两个字是火字底，也能代表火。

师：哪一位小老师可以把这两位同学的发言整合一下？

生：在上下结构的生字中，带“四点底”的字上大下小；在左右结构的生字中，“火”在一边是火字旁。

师：瞧，动脑筋的你一定会找出生字中蕴藏的奥秘！

本环节最后，教师以儿歌的方式对本课形声字的构字规律加以总结，原本碎片化的学习内容，通过这一学习情境，实现了情境化、实践化和综合化。（见表 4-1）

表 4-1 “我是中华小厨神”学习活动评价

学习活动	劳动元素	评价标准	自我评价	小组互评	教师评价
我是中华小厨神	通过观看《舌尖上的中国》微视频，联系生活经验，初步了解常用烹饪方式的相同点和不同点，培养学生热爱劳动的意识	(1) 了解不同烹饪方法的特点并正确认读生字 (2) 能够发现表示烹饪方式的形声字的造字规律 (3) 唱诵儿歌，总结生字特点，自觉控制油炸食品的摄入量，做到健康饮食			

二、活动二：寻味中国，创编美食攻略

教师注意到《大中华寻宝记》在班级广受欢迎，该书以中国各地的风土人情为线索展现了一系列妙趣横生的故事，而最为孩子们津津乐道的便是各地的美食文化。于是在正式学习第三单元第四课《中国美食》之前，教师布置了“寻味中国——美食宝库的挖掘之旅”美食调研单（见表 4-2）。

表 4-2 “寻味中国——美食宝库的挖掘之旅”美食调研单

寻味中国——美食宝库的挖掘之 （　　）省（区、市）			
美食名称	原料	做法	味道

教师将全班同学分为 4 个大组，开启东北、西北、西南、东南地区的美食发现之路。在此基础上分设 12 个学习小组，各小组自主选择地图上的一个省份为研究对象进行调研，弄清该地区特色美食的名称、原料、做法和味道。在充分调研的基础上，教师开展了“寻味中国”

美食实践活动。

师：孩子们，今天我们就要从南京出发，自南向北，环神州大地一周，探寻中华美食的“前世今生”，准备好了吗？（出示学生作品中国美食地图）

生：准备好了。

师：请第一学习小组代表开始汇报。（教师把第一小组美食调研单投影至白板）

生：我们小组研究的美食是鸭血粉丝汤，这是江苏地区的特色小吃。制作鸭血粉丝汤需要准备的原料有香菜、鸭血、粉丝。

师：原来中国美食还有这么多的学问呢！作为一个合格的食客，不仅要知其味，还要究其根。咱们之前就学习过《千人糕》，你能说说制作一碗鸭血粉丝汤有多少步骤吗？

生：首先，把香菜切段、鸭血切条备用，接着往锅中加水煮沸，汆熟粉丝、煮熟鸭血，捞出备用。再重新起锅，依次放入榨菜、盐、粉丝、鸭血，继续煮一分钟，最后撒上白胡椒粉、葱花、香菜，一道美味的鸭血粉丝汤就制作完成了。当然，这只是烹饪过程，算上前期的原料种植、收集，后期的配送、销售，叫它“千人汤”也不为过！

师：你可真是一位优秀的美食解说员，一碗鸭血粉丝汤看似简单，却凝聚着那么多人的劳动呢！请你把江苏地区的美食图标——鸭血粉丝汤点亮。

（动画：江苏美食攻略纳入……“寻味中国”锦囊之中）

师：在全班同学的努力下，我们一同走遍大半个中国，点亮十二省份特色美食路，创编出趣味美食攻略，体会中国饮食文化的价值和劳动的意义。中国人口众多，地域辽阔，由于各地风土人情和地理环境各不相同，美食也各具特色。教师为学生搭建出“寻味美食之旅”这一学习情境，引导学生将阅读经验、生活经验重新梳理整合，在生动的语文实践中搭建起语言文字运用的桥梁。从寻觅中国美食的诞生过程到见证劳动人民的聪明才智，进而漫谈中国美食的“前世今生”。学生的探索热情彻底被激发，在识字写字目标达成的基础上，“煎炸”出更多菜谱背后的文化意蕴和劳动价值。（见表 4-3）

表 4-3 “寻味美食之旅”学习活动评价

学习活动	劳动元素	评价标准	自我评价	小组互评	教师评价
寻味美食之旅	通过整合课外阅读资料，联系生活经验，寻觅中国美食的诞生过程，感受劳动人民的聪明才智，体悟劳动的意义，激发学生的烹饪热情	（1）能够借助资料介绍菜品的名称和原料 （2）能够借助资料介绍菜品的名称、原料、做法 （3）能够蒸煮简单食品、凉拌简单菜肴			

三、活动三：小试牛刀，共享幸福味道在《中国美食》一课结束后，出示探究性课后练习，具体如下。

试一试：在爸爸妈妈的帮助下，试着做一做你印象最深的中国美食，并分享给自己的爸爸妈妈。

拍一拍：父母和孩子互为拍摄对象，合作完成美食烹饪短视频的拍摄，共享劳动的幸福滋味。（见表 4-4）

表 4-4 “寻味中国美食”学习活动评价

学习活动	劳动元素	评价标准	自我评价	父母评价	教师评价
学做中国美食	了解烹饪是生活必备技能，换位思考体会父母每日烹饪的辛劳。尝试完成菜品的制作，邀请爸爸妈妈记录自己的劳动过程	（1）能够区分烹饪用具，了解其不同用处 （2）能够区分简单的素菜，帮助父母洗菜、择菜 （3）能够独立完成烹饪			

在《中国美食》这一课，教师通过多元活动成功创设了评价情境，并鼓励学生自由发表评价意见，体现了以学生为中心的教学理念。通过播放纪录片、美食调研、实践活动等多种形式，教师营造出生动真实的语境，激发了学生的学习兴趣，同时为学生提供了丰富的评价材料。活动中，教师鼓励学生大胆表达，培养了其批判思维与语言表达能力，实现了形成性评价与学生学习过程的深度融合。有效促进了学生综合素养的发展，特别是对中华美食文化的认知与热爱，同时也提升了学生的自主学习、合作探究及解决实际问题的能力。

（一）巧妙创设评价情境，激发学生参与评价兴趣

在教学环节中，评价情境的巧妙设计显得尤为重要，其不仅能激发学生对评价活动的浓厚兴趣，而且是提升他们学习主动性和参与度的关键。“真实性评价”理念，作为一种重要的教育学理论，为构建评价情境提供了科学的指导。“真实性评价”理念认为，只有当儿童置身于现实生活或与现实世界相类似的情境中，并且当儿童在真实的生活或社会情境中有所作为时，他们才有可能真正地展示和证明自己的思维过程与学习结果。[①] 因此，教师应致力于构建一个既贴近学生生活实际，又能充分体现学科特色的评价环境。

具体而言，教师可以通过模拟真实场景、组织角色扮演活动、进行实地考察等方式，将评价与现实生活紧密结合。这样的设计不仅有助于学生深化对评价内容的理解，而且能够提升他们的实践操作能力和解决问题的能力。同时，这种评价方式能够更真实地反映学生的实际能力水平和发展潜力，为教师提供更精确的教学反馈，进而有助于教师进行更具针对性的教学调整。

总的来说，巧妙设置评价情境对于提高学生学习积极性和增强评

---

① 苏启敏，张澳．真实性评价的情境创设何以支持儿童核心素养发展［J］．中国教育学刊，2023（5）：35-42．

价效果具有至关重要的作用。通过运用"真实性评价"理念，教师可以为学生创造一个更贴近现实、更富有趣味性的学习环境，进而激发他们的学习热情，最终达到提升他们学习效果的目的。

（二）精心引导深入探究，鼓励学生发表评价意见

在教学过程中，有效地激励学生发表评价意见，对于提升教学互动的质量及培养学生的批判性思维能力至关重要。鉴于学生间存在性格、兴趣及认知水平等方面的显著差异，这些差异又进一步影响了他们在表达评价时的风格和深度。因此，教师必须精心设计活动，以确保所有学生都能以适合自己的方式积极参与到评价中来。对于外向且乐于表达的学生，教师应给予他们充分的表达空间，并提供及时的反馈，以引导他们沿着正确的逻辑思路进行深入探讨。而对于内向、表达含蓄的学生，则需采用更为细腻的激励方式，如使用"我相信你有独到的见解"或"你的想法对我们非常重要"等鼓励性语言，以激发其参与评价的积极性，并逐步建立起他们的自信心。

值得注意的是，即便学生的评价方式可能并不完全准确或成熟，教师也应以积极的态度进行引导和鼓励，避免使用"这样评价没有意义"或"你的评价方式有误"等负面言论，以免挫伤学生的积极性，甚至导致他们在未来的评价活动中产生抵触情绪。

三、评价导向明确，深化实践反思

无标准不评价，在教学实施中教师可"提前设计评价量表、告知评价标准"，以更好地发挥评价的导向作用。[①] 这意味着教师需在课前设定清晰的评价目标和标准，让学生明白他们的学习目的何在，以及

① 王彤彦，东雪婷. 促进学生核心素养发展的语文课程评价［J］. 中学语文教学，2022（10）：4-9.

如何通过评价改进自己的学习方法。明确的评价导向不仅帮助学生理解他们为何要学习特定的内容，还促进他们在学习过程中自主寻求进步。例如，在“最后的玉米”文本阅读活动中，教师让学生带着感情独立复述文本内容并以此为评价标准。学生在文本阅读中会下意识地融入情感、关注情节，提升阅读能力。①

进一步地，明确的评价导向与实践反思是相辅相成的。在实践活动中，学生可以通过明确的评价导向来反思自己的学习过程和结果，从而找出自身的不足，明确改进的方向。这种反思过程对于学生的学习成长是极其重要的，它能促使学生从被动学习转为主动学习，从单纯的知识接受者变为知识的探索者。在反思过程中，学生将学会如何从评价中发现自己的不足，这是他们学习成长中的一部分。面对挑战和识别个人的学习缺口，学生可能会感到困惑或挫败，但正是这种状态激发了他们改进和提高的欲望。教师在这里扮演着关键的角色，他们不仅需要引导学生正确理解和应用评价信息，还需要通过鼓励和支持帮助学生建立解决问题的信心。

《蟋蟀的住宅》第一课时②

【教学目标】

1. 正确认读“宅”“隐”等12个生字，会写“宅”“临”等13个生字，理解“随遇而安”等12个词语的意思。

2. 快速默读课文，把握课文内容，知道蟋蟀住宅的构造特点以及修建过程。

3. 理解蟋蟀的住宅可以算是“伟大的工程”的原因。

---

① 殷维. 新课标视域下小学语文课堂教学评价的实践探究［J］. 辽宁教育，2023（17）：67-70.

② 陈哲妍. 核心素养导向统编小学语文教材长课文教学设计研究［D］. 厦门：集美大学，2023.

【教学重点】

借助关键词和图示，用自己的话介绍蟋蟀住宅的构造特点和修建过程。

【教学难点】

感受蟋蟀住宅设计和构造的精良以及建造工具的柔弱，理解“伟大的工程”的含义。

【教学过程】

环节一　问题导入，激发兴趣

（一）创设情境，适应角色

过渡：同学们，请看大屏幕，今天你们变身小小自然科学家，来到生命科学研究院工作，大家感兴趣吗？哇，看起来你们已经跃跃欲试了！我们的研究任务可不简单哦，请做好准备。你们第一个任务是开展为期两周的观察，首先从大自然中选择一种事物作为观察对象，你们想观察些什么事物？需要为观察做什么准备呢？

预设1：我要观察蝴蝶，可以观察它的外形和生活习惯，观察的时候用眼睛看、耳朵听、鼻子闻、手触摸，要仔细地观察，需要准备放大镜。

预设2：我想选择黄豆作为观察对象，观察黄豆在水中的生长过程，可以从外形、气味、变化三个方面进行观察，提前查找黄豆生长习性的相关资料并准备好量杯和观察记录表，记录黄豆的颜色、形状、气味的变化。

（二）思考点拨，发现价值

过渡：英国科学家贝弗里奇曾说：“在研究工作中养成良好的观察习惯比拥有大量学术知识更为重要。”你们谁能说说观察为什么这么重要？

预设：观察能够发现事物的变化，更好地了解事物，只有做好观察才能开展更深入的研究。

环节二　走进作者，掌握生字

（一）快速浏览，了解作者

过渡：来到生命科学研究院门外，我们看到法布尔的雕像格外引人注目，他可是自然科学界的灵魂人物之一，你对他了解多少呢？

教师出示法布尔简介和课文背景资料，要求学生在 30 秒内快速浏览，并根据学生反馈延长或缩短信息出示时间。

预设：学生用指定手势表示对信息的获取情况（已经了解的竖起大拇指，没有了解的摆手）

（二）集中识字，引入课文

过渡：正式开始研究之前，生命科学研究的院长想先了解一下大家的能力和水平，你能正确认读这些生字词并发现它们之间的关系吗？

……

环节三　初读课文，整体感知

（一）自由朗读，感知设疑

过渡：蟋蟀的住宅值得一去吗？学生自由朗读课文，找出法布尔对蟋蟀住宅的评价，提炼关键词，并提出不理解或想知道的问题。

预设：出名、令人感到惊奇、伟大的工程。提问：为什么作者给了蟋蟀的住宅这么高的评价？

（二）梳理内容，划分结构

过渡：昆虫界中这样伟大的工程我们怎么能够错过，如果让你来介绍，你会选择写些什么？法布尔又是如何介绍的呢？学生预测课文内容，快速默读，说说课文围绕蟋蟀的住宅讲了哪两方面的内容，分别在哪些自然段？

预设：构造特点（2—6 自然段）、修建过程（7—9 自然段）

环节四　精读课文，理解呈现

（一）绘制住宅，描述画面

过渡：现在，请你们用上自然科学家的专业视角去探索蟋蟀的住宅，看看法布尔都观察到了什么？

（二）圈画做批注，完成住宅图

读 2—6 自然段，边读边批注，用横线画出住宅的构造，用浪纹线划出住宅的特点并提炼出关键词写在旁边。

展示批注，师生从要点是否找齐、关键词是否精准两方面进行评价，共同梳理出完整信息。

预设：该部分作者从选址、住宅外部、住宅内部三个方面进行介绍。

批注是学生学习的重要方法，也是促进学生对文本理解的重要手段，学生解读文本，完成对关键信息的查找，用简练的词语概括住宅特点，形成对课文内容的初步理解。

用简笔画将蟋蟀住宅图补充完整并标注出具体的构造和特点。学生先独立完成再提出疑问，教师指导全班共同交流解决。

预设：左上方画太阳，隧道口画杂草（半掩），隧道向上倾斜，大概 30 厘米长（3 个长度单位），在对应位置标注出门、平台、大厅、卧室的构造以及隐蔽、平坦等特点。

（三）借助住宅图，简要做介绍

学生依据住宅图，按照一定的顺序，使用关键词，简洁明了地说出住宅的构造和特点，按照评价标准互相点评，每达到一项标准可获得一颗星。

生读生评，男女配合读，读出构建和设计的精妙。

教师总结：刚才，我们运用“找关键词—转化图示—复述”的方法掌握了“构造特点”部分的内容，同学们在今后的学习中都可以用上这样的方法。

（四）还原过程，场景重现

过渡：蟋蟀是如何建造它的住宅的呢？你能够用刚刚的学习方法还原出蟋蟀修建住宅的过程吗？

（五）找出关键词，补充过程图

读 7—9 自然段，边读边批注，框出时间词，圈出蟋蟀的身体部位和动作。

预设：该部分从时间、劳作方式和身体动作三个方面介绍住宅修建的过程。

完成住宅修建过程图，填写修建过程和劳作方式时需注明时间，同时在蟋蟀图上标注身体部位和相对应的动作。小组合作完成后上台展示，师生共同点评并修改完善。

（六）图文相结合，师生齐扮演

教师扮演昆虫电视台的记者对学生进行采访，指名学生用蟋蟀的口吻讲述修建住宅的过程，教师相机补充蟋蟀的相关资料（蟋蟀的身长约五到六厘米，寿命约四到五个月），学生感受修建过程的艰辛（住宅深度大于蟋蟀身长的 5 倍，修建时间占据了它全部生命），说出蟋蟀的品质（持之以恒、吃苦耐劳），采访结束后学生依据评价标准互相点评打星。

（七）接龙讲解，体会伟大

过渡：探索完了蟋蟀的住宅，现在你知道为什么作者给了蟋蟀的住宅这么高的评价了吗?

结合蟋蟀住宅图和修建过程图，解释为什么蟋蟀的住宅可以算是“伟大的工程”。学生接龙补充直到完整为止。

教师引导学生感受作者的思想感情。

学生带着自己的理解读，读出蟋蟀住宅的伟大和作者的赞叹。

预设：伟大工程——住宅伟大（选址特点、外部环境、内部构造、陈设布局，向阳，隐蔽、通风、排水优良、大小适宜、平坦、功能齐全、光滑、简朴、清洁、干燥、卫生）；修建伟大（修建时间漫长、修建过程艰辛、挖掘工具简单）；蟋蟀伟大（建筑才能、吃苦耐劳、用自己的双手创造幸福）。

作者情感：赞赏、喜爱。

环节五　活读延伸，拓展活动

过渡：生命科学研究院举办了“走进自然”读书会，共有两个活动，同学们自由选择，至少参加一项，成功参与者将获得“生命科学”纪念章。

教师依据第一个迁移目标所对应的第一课时“把握文章主要内容”表现任务方案开展教学活动。

项目一：快速阅读，把握内容

学生在4分钟内完成阅读，思考后概括出文章的主要内容并根据自己的理解说出文章最精彩的部分。教师根据评价标准中的第一课时“把握文章主要内容”表现任务一评价清单（见表4-5）进行打分。

表4-5　第一课时“把握文章主要内容”表现任务一评价清单

评价内容	评价标准	是	否	分数（满分5分）
阅读速度	在规定时间内完成了阅读	□	□	
把握能力	清晰、准确、完整地说出了文章的主要内容	□	□	
	生动介绍了文章的精彩部分	□	□	
总分				

项目二：推荐阅读，做好笔记

学生阅读《昆虫记》《昆虫漫话》等与自然科学有关的书籍，展示阅读收获，展示的形式不限，可以是文字形式的读书笔记、图画形式的读书小报、绘本，也可以是多媒体形式的音乐、动画等。师生依据评价标准中的第一课时“把握文章主要内容”表现任务二评价清单（见表4-6）共同评价。

表 4-6　第一课时“把握文章主要内容”表现任务二评价清单

评价内容	评价标准	自评	互评	师评
		（各项满分均为 5 分）		
内容	充实			
表现形式	美观好看			
	设计新颖			
总分				

《蟋蟀的住宅》第一课时的教学通过问题导入、了解作者与识字、初读与精读课文以及活读延伸五个递进的环节，逐步深化学生对课文的理解。教学中，教师通过绘制住宅图、还原修建过程等直观活动，着重培养了学生的观察能力、信息筛选能力和语言表达能力，让学生深刻感受到蟋蟀住宅的伟大。拓展活动则进一步巩固了学生的知识，提升了他们的综合素养。整个过程中，通过学生互评、师生共评等评价环节，巧妙地激发了学生的学习热情，提高了他们的参与度。

（一）开展任务评价，引导主体实践

在教育教学中，任务评价是一个至关重要的环节。任务评价不仅是为了查漏补缺，更重要的是通过对学生完成任务的过程和结果进行评估，引导他们更深入地理解和掌握知识，提升实际应用能力。特别是在小学语文教学中，通过设计富有探索性的任务，可以激发学生的学习兴趣，培养他们主动探索语文知识的习惯。以《夜间飞行的秘密》这一教学内容为例，围绕不同的评价任务，教师选用不同的评价方式（见表 4-7）。①

① 傅茂林．小学语文阅读教学中“教学评”一体化实施策略——以课文《夜间飞行的秘密》为例［J］．华夏教师，2023（31）：74-76．

表 4-7 《夜间飞行的秘密》评价方式

评价任务	评价方式
朗读《夜间飞行的秘密》，发现问题，提出问题	赏识评价、追问（教师的即时性评价）
小组交流，共享问题，为问题分类	赏识评价、追问（教师的即时性评价）；完成评价量表，描述自己和小组成员的学习表现（学生互评和学生自评）
阅读课外小短文《它们是茎，还是根?》从内容、写法、启示三个角度提出问题，进行批注	赏识评价、追问、随堂练习（教师即时性评价和诊断性评价）；学生判断是否提出了问题，提出的问题是否有价值（学生自评）
想象夜间飞行的蝙蝠在看到飞行的飞机时会说什么。扮演角色，演绎情境	
赏识评价（教师即时评价）；小组内评价彼此表演情况，集体评价表演内容是否充满想象（学生互评）	

任务评价的目的远不止于单纯地指出学生的不足，其更深层的意义在于利用评价这一工具，激发学生的自我反思与提升。当任务完成后，教师需要对学生的表现给予及时反馈。这种反馈不仅明确指出了学生在任务完成中的出色表现及存在的问题，更进一步为他们提供了具有针对性的改进建议。这种评价方式的核心目的在于帮助学生清晰地认识自己的学习轨迹：哪些方面是他们已经熟练掌握的，哪些方面仍需要进一步深入理解和加强。通过这种方式，学生的学习效果可以得到显著提升。任务评价不仅是对知识的简单检验，它更是一种引导学生自我成长和进步的有效手段。

（二）组织实践探究，提升主体能力

语文新课标指出，要充分尊重学生的主体地位，关注学生在兴趣、能力和学习基础等方面的个体差异，引导学生开展自我评价和相互评价。[①] 这样的做法不仅能促进学生自主学习的能力，还能提高他们的批判性思维和反思能力。

在具体的实施过程中，语文教师应当在基于学习任务群的课堂教学中扮演主导者的角色。教师可以通过在学生实践探究活动中进行随机提问的方式，了解最真实的学情，从而确保评价的有效性和实时性。在课堂的最后环节，教师应当综合评价学生的活动表现，特别是在完成各种任务的情况下。这样的评价方式能够更全面地反映学生的学习成果和学习过程，更有助于教师针对性地提供反馈和支持。此外，小学合作学习为生生互评提供了极佳的机会。在实践探究活动结束后，教师应鼓励学生进行相互评价，评价过程中学生不仅要对小组成员的表现进行打分，还应该陈述打分的理由，力求客观、公平和公正。这种评价模式不仅有助于学生了解同伴的学习情况，还能增进学生之间的沟通和理解，进一步促进合作学习的深入。最后，在教学评一体化的视角下，课堂学习活动的安排、开展与优化需要与教学活动和评价活动同步进行。教师在科学设计教学目标和学习目标后，应基于目标的落实来合理布局学生的学习活动，帮助学生展开基于教材又能跳出教材的高质量语文实践探究。

（三）引导评价反思，促进主体发展

有效的反思评价对学生学习动力的提升至关重要，错误的方法可能会对学生的心理健康和成长造成不利影响。因此，引导学生进行恰当的反思评价是促进其全面发展的关键。首先，教师应鼓励学生评估自己在学习过程中的进展及学习策略的掌握情况。这种评价的目的是帮助学生认识到自身的进步和需要改进的地方，尤其是对于进展较慢

---

① 中华人民共和国教育部．义务教育语文课程标准（2022 年版）［S］．北京：北京师范大学出版社，2022．

的学生，通过比较他们过去和现在的学习情况，可以更容易地识别到个人的成长，从而增强他们的信心。其次，教师可以引导学生将自己的成绩与同班同学的表现做一比较，找出差距并设置实际可行的目标，以激发他们的自我超越意愿。这对那些本具备较好能力但因各种原因未能充分展现的学生特别有帮助。通过这样的比较和目标设定，学生能够更清晰地了解自己的学习需求和努力方向。在整个教学过程中，教师的引导和支持是不可或缺的。只有正确地指导学生进行反思和评价，才能有效地发挥出学生的自我提升潜力，帮助他们在小学语文学习中不断进步。

第二节　小学语文教学评价主体参与的经典案例

一、经典案例

在小学语文教学中，评价“不再被视为教学过程最后的一个环节，或凌驾于教学过程之上的活动，而是嵌于教与学过程中的一部分，与教与学构成一个有机整体”①，这体现了新课程理念下对学生主体性和全面发展的重视。评价深入融入教学活动之中，意味着评价不再是简单地对知识掌握情况的检测，而是成为促进学生学习、调整教学策略和提升教学效果的重要手段。这种评价方式强调多元互动，包括同伴评价、自我评价和教师评价等多个维度，构成了一个全方位、多角度的评价体系。

同伴评价鼓励学生之间的交流和反馈，培养了学生的批判性思考

---

① 崔允漷. 指向学习改进的教学和评价 [J]. 教育测量与评价（理论版），2015(1)：1.

能力和团队协作能力。自我评价则着重于培养学生的自主学习和自我反思能力，让学生能够对自己的学习过程进行深入的反思和调整。教师评价则在整个评价体系中发挥着引领和总结的作用，通过专业的指导和建议，帮助学生明确学习目标，找到提升的方向。这种多元互动的评价模式，充分体现了学生的主体性，让学生成为评价的主体，激发学生的学习兴趣和动力。同时，这种评价方式也有助于教师实时调整教学策略，满足学生的学习需求，提升教学效果。

正如崔允漷教授所强调："没有评价，就没有课程。"将评价深入融入小学语文教学活动，不仅是实现学生全面发展、提升教学质量的有效途径，还是新课程理念下的教学创新的具体体现。

跨越百年的美丽①

【教学过程】

一、解题，质疑"美丽"

师：1998 年是居里夫人和她的丈夫发现放射性元素镭一百周年，作家梁衡为此发表了一篇赞美居里夫人的散文。看老师板书课题，请注意老师的运笔。（师板书）注意这个百字，第一横要写得又平又稳，年字这一竖是关键，要写直。好，齐读课题。

生：齐读课题。

师：题目是文章的眼睛，读着课题，你会产生哪些思考？

生：这是什么样的美丽？

师：你抓住了关键词美丽提出了自己的疑问。

生：为什么美丽能跨越百年？

师：你关注了"跨越百年"一词提出了自己的思考。

---

① 郑玮瑜．让学生直面语言、经历语文实践：《跨越百年的美丽》课后反思［J］．小学语文，2013（1）：99-101.

生：美丽如花儿一样，容易凋谢，为什么她的美丽却能跨越百年呢？

师：多会思考的孩子，确实，美丽如花儿一样，容易凋谢，到底是什么样美丽能够跨越百年呢？作为六年级的学生，我们还要关注作者是如何表现这份美丽的？现在，就让我们跟随作者，开始美丽的发现之旅。

二、初读，感知“美丽”

师：文章都预习过了吧？读了几遍？打个手势告诉老师。这文章很长，看来你们预习得很认真！老师要检查一下。

课件出示：在工作卓有成效的同时，镭射线也在无声地侵蚀着她的肌体。她美丽健康的容貌在悄悄地隐退，逐渐变得眼花耳鸣，浑身乏力。

生读。（读得一词一顿，读到一半，课件出现黑屏）

师：没事，课件出现了小问题，咱们看书读，能找到吗？嗯！预习得不错，很快找到了。

生继续读。

师：不错，字音都读准了，不过读书可以读得流畅些，比如这一句“她美丽健康的容貌在悄悄地隐退”，你试试。

（生再读，这回流畅多了）

师：有进步，掌声送给他。

师：大家注意这个字（蚀），一个食字旁、一个虫，用食指在桌上写一遍，从它的字形你会想到什么？

生：虫子在吃东西。

师：是的，虫子在吃东西，在破坏东西，在这里是什么破坏了什么？

生：镭射线在破坏居里夫人的肌体。

师：对，咱们中国汉字多有意思，有些字，从字形，我们就可以想到它的意思。再看第二句，这是个长句子，读长句要注意什么？（生：停顿）你给大家范读一下。

课件出示：她本来可以躺在任何一项大奖或任何一个荣誉上尽情地享受，但是，她视名利如粪土，她将奖金捐赠给科研事业和战争中的法国，而将那些奖章送给6岁的小女儿当玩具。

（生读）

师：读准了字音，注意了停顿，你就把长句子读好了。

师：我相信，大家预习得不错，那老师要对你们的学习提出新的要求了。请大家快速地浏览课文，用横线画出表现美丽的句子，并想一想：课题中的美丽表现在课文中的哪些方面？

（生读书，师巡视）

师：老师看到大家的书上布满了横线，这美丽真是无处不在。说说：这美丽表现在哪些方面？

生：有三个方面，一个是外貌美，是在第二自然段，玛丽·居里穿着——

师：不用读，直接说哪几方面的美就可以了。

生：还有是科学精神美，另外还有写她淡泊名利。

师：不错，你概括得很好。这美丽表现在三个方面：外貌美这淡泊名利也是一种人格美。请同学们拿起笔，跟老师一起把这三个方面的美丽端端正正地写在课题旁。

（师板书：外貌精神人格）

师：（板书后巡视）咱们班同学批注的字写得不错，在后面的学习中也要这样写好批注。

三、精读，品味“美丽”

师：让我们先来关注外貌的美，刚才那位同学已经告诉我们第二自然段重点写了外貌的美，请大家默读课文第二自然段，边读边想：假如你是现场的一名记者，想给居里夫人拍一张美丽的照片，你会选择哪个镜头？抓住关键词，写下你的想法。

（生自学，并批注，师巡视个别指导）

师：（巡视中）老师发现一位同学在“淡泊”一词的旁边批注了“视名利如粪土”这几个字，简练又体现思考，值得大家借鉴。

师：好，让我们分享发现的美丽，注意分享的时候，先把你找到的镜头读一读，然后再说说你的想法；其他同学注意倾听，可以补充说明，也可以谈自己的不同见解。好，谁先分享。

生1：“一百年前的1898年12月26日，法国科学院人声鼎沸，一位年轻漂亮、神色庄重又略显疲倦的妇人走上讲台，全场立即肃然无声。”我认为她的美丽体现在两个地方：一个是年轻漂亮，一个是神色庄重。

师：不错，你抓拍到了一个美丽的镜头，关注了居里夫人年轻漂亮的外表，对于这个镜头，谁还想说？

生2：我从“略显疲倦”这个词感受到玛丽居里平时工作很辛苦。

师：工作很辛苦，可她（生：仍然在坚持，从不放弃）你感受到的是一种（生：精神美）。还从哪些地方发现居里夫人的美呢？

生：（全班沉默）

师：再读一读，这段话中藏着个秘密，发现没？

生：我认为肃然无声说明了人们对她的尊敬。

师：你的眼光很独特，关注到了人们的表现，大家注意到了吗？这句话中藏着一对反义词（生：人声鼎沸—肃然无声），描述了人们的变化。同学们，人们为什么会产生这么大的变化？不着急，再联系下文读一读，你一定会有更多的发现。

生1：因为在此之前还没有一个女子登上过法国科学院的讲台。

师：对，当时的社会环境就是这样的，还有其他原因吗？

生2：她的报告使全场震惊，物理学进入了一个新的时代。

师：也就是说，居里夫人的美丽与她对人类巨大的贡献有着紧密的联系，正是这样的美，让人们产生了这么大的变化。我要表扬刚才分享的同学，你们的分享，让大家揭开了作者语言表达的秘密——不仅从正面描写了居里夫人美丽的外表，还从侧面描写人们的变化衬托了这份美丽，这样的表现手法值得我们学习。

现在我们一起来读读这句话，用我们的朗读来再现当时的场面。看，居里夫人向我们走来了，一百年前——起。

（生齐读）

师：同学们，在这一句话的学习中，我们通过抓关键词，运用对比，还联系下文，从不同角度品味了居里夫人的美丽，并在读中感受了句子的表达效果，这样的学习很有意思，就用这样的方法继续分享你们发现的美丽吧。

生 1："玛丽·居里穿着一袭黑色长裙，白净端庄的脸庞显出坚定又略带淡泊的神情，那双微微内陷的大眼睛，让你觉得能看透一切，看透未来。"我从"一袭黑色长裙""白净端庄""微微内陷的大眼睛"感觉居里夫人很漂亮。

师：你选择的是一个特写镜头，关注了居里夫人的衣着和容貌的美。

生 2：我从"坚定"看出居里夫人对科学坚定的信念，联系了下文，我从"淡泊"一词知道居里夫人视名利如粪土的美好心灵。

师：这孩子很会思考，发现了隐藏在居里夫人的神情里一种精神美，一种人格美。对这个镜头，还有发现吗？

生 3：我从看透一切，看透未来，感觉到居里夫人为科学献身的精神。

师：这个眼神怎么看出她为科学献身了？有不同意见吗？

生 4：让人感觉她善于观察，很有智慧。

师：智慧也是一种美啊！大家看这两段话，同样是写居里夫人的美丽，作者这样写好在哪里？

课件出示：1. 玛丽·居里穿着一袭黑色长裙，白净端庄的脸庞有双微微内陷的大眼睛。2. 玛丽·居里穿着一袭黑色长裙，白净端庄的脸庞显出坚定又略带淡泊的神情，那双微微内陷的大眼睛，让你觉得能看透一切，看透未来。

生1：这样写不单写出了居里夫人的外貌的美丽，还写出了她对科学事业执着的美和淡泊名利的美。

师：说得好，这正是作者要表达的。面对着这个镜头，你们的心情怎样？

生1：我会感觉——（生说不出）

师：没事，有些感觉只可意会，不可言传，那你就读一读吧！

生1：（读句子）

师：你读出了自己的感受，你的心情怎样？（指着另一个学生）

生2：看着这个镜头，我很敬佩居里夫人。

师：好，也带着你的感受读一读。

生2：（读句子）

师：相信每个孩子的感受都不一样，那就带着你们的感受，自由地读一读吧。

生：（自由读）

师：同学们，这就是报告会上的居里夫人，我们发现她美丽的形象里透着一种精神，更述说着一份品格，正是这富有特质的美，深深地震撼着作家梁衡，于是他深情地写道——一起读。

生：（齐读）她的报告使全场震惊，物理学进入了一个新的时代，而她那美丽、庄重的形象也就从此定格在历史上，定格在每个人的心里。

师：我相信此刻，这美丽也定格在你们的脑海里。

……

六、指导书写

师：品味居里夫人的美丽，我们意犹未尽，现在到了展示我们自己美丽的时候。请看大屏幕，这是我们今天要练写的字，大家都知道练字要做到一看二写三对照。

观察单个字：注意字的结构以及关键笔画的运笔。

特别注意：写句子的时候，还要做到——不顶天立地，上面留下三分之一，左右不碰壁，注意字间距。

现在拿出写字卡，开始练字。

生开始书写。

（师边巡视，边引导、纠正）

师：这美在你们端正坐姿中，（生立即坐正）这美在你们正确的握姿中。让你的眼睛和桌面保持一段美丽的距离。

（师提醒：写好一个字，和字帖的字对照一下，发现不足，争取第二遍把它写好）

我们的美丽就表现在积极认真的书写里，我们的美就在你们的一笔一画雕琢中。

写完后同桌可以互相欣赏一下，

我们的美丽就在你们互相的欣赏中，

（书写时间约 5 分钟）

师：同学们，这节课，我们既品味了居里夫人的美丽，又展示了自己书写的美丽，临近下课，老师请大家关注今天的课后练习。另外，老师想请大家记住在不远的福清，有你们的一位朋友，他叫胖小鱼，希望我们的友谊能够继续。下课。

《跨越百年的美丽》展示了一节生动的语文课。教师以学生为中心，通过提问和讨论，引导学生主动探索居里夫人的“美丽”不仅体现在外貌上，更在于其科学精神和淡泊名利的人格魅力。课堂上，学生积极阅读、思考并分享自己的见解，教师在其中起到引领和总结的作用。此外，教师还通过书写练习来培养学生的书写能力和审美情趣，将评价与教学紧密结合。整个教学过程中，学生的主体地位得到凸显，多元化的评价方式也促进了学生的全面发展。

二、实施策略

（一）激发学生参与，建立评价氛围

小学生天生好奇、活泼好动，他们渴望参与、期待被认可。在小学语文教学中，教师应充分利用这一特点，积极激发学生参与课堂学习的热情，同时营造一个和谐、积极的评价氛围，使每一个学生都能在参与中找到自己的价值，体验成功的喜悦。

激发学生参与，就是要让学生在课堂上“动”起来。例如，某一位教师在教授《称赞》这一课的识字环节中，设计了几个生动有趣的小游戏，如开火车读、交流识记生字。这些有趣的小游戏让学生马上来了热情，他们争先恐后，害怕自己没有机会帮助小刺猬“采果子”，帮小獾“找板凳”。这时，教师请其他同学来评价，引导学生“称赞”同学：“张子豪同学读得真准确!”“李木子帮助小刺猬采到了许多果子，真棒!”学生在生动、充满趣味的识字氛围中，不断地相互评价，感受称赞，同时也体验到了不被称赞的滋味，丰富了对称赞的理解。[①]同时，教师还要善于引导学生，让他们在参与中学会思考、学会合作、学会表达。建立评价氛围，则需要教师用一颗公正、宽容的心去对待每一个学生。评价不应只是简单的对错判断，更应关注学生在学习过程中的表现和努力。教师要用欣赏的眼光去发现学生的闪光点，用鼓励的话语去激发他们的潜能。同时，评价也要注重及时性，让学生在第一时间得到反馈，从而调整自己的学习策略。

---

① 张启海. 有一种力量叫赞美——小学二年级语文《称赞》教学案例分析［J］. 教育观察（下半月），2016，5（10）：70-71.

总之，激发学生参与和建立评价氛围是小学语文教学中不可或缺的两个环节。教师应不断探索和实践，使语文教学更加生动有趣，让学生在参与和评价中快乐成长。

（二）结合学生特点，设计评价活动

传统的教学评价方式往往过于单一，忽视了学生的个性化差异和多元智能。然而，每个学生都有其独特的学习方式和优势，因此在教学中，教师应结合学生的特点，设计多样化的评价活动。这不仅是尊重学生个性发展的需要，更是提高教学效果、激发学生学习兴趣的关键。

学生的学习过程应该是一个“自我探索一实践应用一反思提升”的循环往复的过程。在这个过程中，评价活动应贯穿始终，既要能反映学生的真实水平，又要能促进学生的进一步发展。为此，教师需要设计具有针对性的评价任务，让学生在完成任务的过程中展示其独特的才能和潜力。

（三）聚焦学生素养，发挥评价效能

新课改着重强调了学生核心素养的全面提升，并以此作为语文教学质量的重要评价指标。这一理念引导我们，在评价学生的学习成果时，不能仅仅关注知识点的掌握情况，而应该更加注重学生的核心素养和能力的发展。因此，在设计评价指标时，我们需要围绕学生的核心素养展开，包括文化自信、语言运用、思维能力、审美创造等方面。例如，在教学《圆明园的毁灭》时，教师要带领学生提炼“掠走”“破坏”“毁掉”及“烟云笼罩”“艺术瑰宝”“一片灰烬”等重点词语，让学生充分理解这些词语表达的含义和蕴含的情感。同时，引导学生思考这些词句表达的特定含义，借此培养自己的爱国主义情感，对帝国主义侵略者产生愤慨之情。在此过程中，教师要对学生的理解能力和学习技巧进行随堂考查及评价，同时也要重点评价学生是否在精读、理解中注入了个人情感，是否对课文反映的历史事件有所感悟、有所认知；要重点评价学生的思想情感与认知情怀，了解学生的思想状况，帮助学生形成正确的价值观。①

此外，为了充分发挥评价的效能，我们应该构建一个多元化的评价体系，既能反映学生的知识水平，又能体现其在实际问题解决中的能力表现。这样，评价不再是单一的分数或等级，而是成为学生自我提升和成长的重要反馈工具。学生可以在评价过程中认识到自己的长处和不足，从而调整学习策略，提升自己的综合素养。同时，教师也能从学生的多角度展示中获得教学启示，进一步优化教学方法，提高教学效果。

三、实施方法

（一）倡导学生自评，促进自我反思

在小学语文教学中，积极倡导学生进行自我评价是促进其深入自我反思的重要方式。鼓励学生主动参与评价过程，使他们能够对自己的学习成果、学习过程和学习态度进行自我审视，这为学生提供了一个自我认识的机会，同时也为他们打开了自我提升的大门。

学生在学习过程中的自我认知和自我反思是一种宝贵的经验，这是教师无法替代的。当学生从被动的学习者转变为主动的自我评价者时，他们不再仅仅是知识的接受者，而是成了学习过程的主动评价者和反思者，真正成了学习活动的主导者。这种转变使学习变成了一种内在的驱动和探索。

（二）鼓励互评互学，实现共同进步

在实施同学间互评互学的教学策略时，教师应当深入挖掘学生的

---

① 陈海婷．“以学习者为中心”理念下的小学语文教学评价探究——以统编教材语文五年级上册《圆明园的毁灭》教学为例［J］．广西教育，2022（34）：44-46．

主观能动性，利用这一策略增进学生之间的理解与合作，从而推动共同进步。新课程标准指出，组织学生互相评价时，教师要对同伴评价进行再评价，提出指导意见，引导学生内化评价标准、把握评价尺度，在评价中学会评价。[①] 为此，教师需精心设计互评的流程与方法。首先，明确互评的目标与标准是关键，这要求教师在活动启动前向学生清晰地阐释互评的目的及其重要性。进一步地，教师应创造一个开放而支持性的学习氛围，鼓励学生自由表达观点，尊重他人见解，而教师则在此过程中扮演引导者和协调者的角色，而非单纯的信息传递者。此外，教师需要注意互评中可能出现的问题，例如学生间的偏见、冲突以及由于评价的主观性引起的不公。对此，教师可通过定期提供反馈及调整评价标准来进行必要的修正与优化。

（三）教师点评引导，提升学生能力

教师点评引导是提升学生能力的重要手段。在教学过程中，教师应当准确把握时机，给予学生及时而精准的点评，引导他们深入思考，激发他们的学习潜能。通过教师的点评，学生能够更加清晰地认识到自己的学习状况，找出存在的问题，并寻求改进的方法。同时，教师的引导还能帮助学生拓展思路，培养他们的逻辑思维和创新能力。马克思曾说："教育绝非单纯的文化传递，教育之为教育，正是在于它是一种人格心灵的唤醒。"因此，教育的核心所在就是"引导"和"唤醒"。在教师的点评引导下，学生的学习能力、思考能力和解决问题的能力都将得到提升，从而实现自我超越和全面发展。这种教学方式不仅体现了教师的专业素养和教育智慧，也是提升学生能力的有效途径。

---

① 中华人民共和国教育部．义务教育语文课程标准（2022 年版）[S]．北京：北京师范大学出版社，2022.

第三节　小学语文教学评价主体参与的总结反思

人的全面发展是社会高质量发展的根本途径，当下课堂评价从片面的工具理性转向包括价值理性、实践理性等在内的多维度理性，逐步形成以学为中心评价、多元主体评价、多种方式评价等理念共识。[①]实施小学语文教学评价主体的参与，深刻体现了“以学生为中心”的教育理念，关注学生的主动性、参与性和发展性，强调学生在评价过程中的主体地位，这将对教师的教学评价和学生的学习方式产生深远的影响。“以学生为中心”理念下的小学语文教学评价工作，既要充分考虑语文课堂教学的现实需求，又要激发和调动学生的主观能动性，确保以学生为主体的评价方式更为多元、评价结论更为客观全面。[②] 然而，在实施小学语文教学评价主体参与的过程中，我们也应当注意避免一些误区。例如，不能忽视教师的引导作用，不能放任学生随意评价，而应该给予他们必要的指导和帮助。此外，评价过程中也要注重公正性和客观性，避免主观偏见和情感因素的影响。

一、以学生为中心，鼓励积极参与

在小学语文教学中，评价是提升教学质量、激励学生进步的关键环节。践行以人为本的语文教育评价体系，除了需要关注学生的共性基础，还要关注个性差异。学生语文学习的个性差异决定了语文教学评价的多元化标准。这种聚焦学生多方面发展的语文教育评价理念，

---

① 谢幼如，高磊，邱艺，等. 智能技术赋能高质量课堂的评价创新［J］. 电化教育研究，2023，44（12）：73-79＋94.

② 陈海婷. “以学习者为中心”理念下的小学语文教学评价探究——以统编教材语文五年级上册《圆明园的毁灭》教学为例［J］. 广西教育，2022（34）：44-46.

以学生发展为中心的人本教育评价策略，才能真正促进以学生为中心的教学评价在语文教学中的落地。美国教育家杜威曾指出："教育不是灌输，而是引导学生发现自我、表现自我的过程。"在这一理念的指导下，教学评价不应仅仅是教师对学生的单向评判，更应是学生自我展示、自我反思的平台。例如，在《圆明园的毁灭》一课的教学中，教师可预先制定多维度的教学评价方案，在评价中强化学生主体的意识，以提升评价的整体性和真实性，借此提升教学质量。如表 4-8 所示"以学习者为中心"理念下的多维度评价突出"学生自评"与"交互评价"特色，强化学生的主体性，确保评价客观全面。

表 4-8　小学语文教学多维度评价策略设计

评价方式	操作方法	评价量点	评价分值占比	评价诉求
学自自评	学生对自我理解、认知、阅读、习作知识掌握能力的评价	自我感知与认知水平，语文学习的接受度、理解度和进步程度	35%	自我视角下的语文学习认知与感受
交互评价	小组及班级间的学生交互评价	对方的语文基础能力水平（听说读写及语文知识应用能力）	35%	他人视角下的语文知识掌握与应用能力
教师评价	教师对学生学习情况的综合评价	学生的语文基础能力和人文素养	30%	教师视角下的学生语文综合能力与素质

通过让学生参与到评价过程中，不仅能提升他们的口语表达能力和批判性思维，还能培养他们的主体意识和自我管理能力。建构主义理论认为，有效的学习是学生通过主动建构来获得的，而非被动接受。同样，在教学评价中，学生的积极参与和主体意识的发挥，能够促使他们更深入地理解评价标准，反思自己的学习过程和成果，从而提升

学习效果。因此，教师应鼓励学生积极参与到教学评价中来，让他们对自己的学习进行自我评价，同时也可对同学的学习进行评价，这样不仅能提升学生的评价能力，还能培养他们的批判性思维和自主学习能力。

二、以教师为引导，科学全面评价

在小学语文教学评价中，强调学生的主体意识并不意味着忽视教师的引导作用。相反，教师的科学引导是确保评价过程有序、有效进行的关键。教师主动参与评价的过程，是教育多元主体围绕教学评价形成民主、参与和合作的过程，并在过程中实现多元主体的相互理解。[①] 教师的引导作用体现在对评价标准的制定、评价方法的指导及评价过程的监督等方面。教师需要根据课程目标和学生实际情况，制定出科学合理的评价标准，引导学生明确评价的方向和重点。同时，教师还应提供多样化的评价方法，帮助学生掌握评价的技巧和规范，确保评价结果的客观性和准确性。

在教师的引导下，学生可以更加科学地对待教学评价，避免主观臆断和片面评价。通过全面、客观、科学的评价，学生能够更好地认识自己的学习状况，找出自己的优势和不足，从而调整学习策略，提升学习效果。同时，教师也能根据学生的评价结果，及时调整教学方法和策略，更好地满足学生的学习需求。因此，以教师为引导，科学全面评价是小学语文教学评价中不可或缺的一环，它有助于提升教学质量，促进学生的全面发展。

---

① 陈恩伦，吴南中．数字化技术赋能教师有意义评价的逻辑架构与生成机制 [J]．中国远程教育，2024，44 (4)：69-80.

三、融合多方力量，完善评价体系

自我国新课程实施以来，课堂评价的重要意义愈加得到教育界关注，在课程观与学习观的演变下，评价的重心逐渐由偏重结果到关注过程的评价转向带来了主体之变，强调教师和学生的多元主体参与随之成为评价变革的新路向。① 在完善小学语文教学评价体系的进程中，融合多方力量显得至关重要。尽管教师在评价体系中扮演着核心角色，提供专业的教学评价和指导，但单凭教师之力显然无法构筑一个全面且科学的评价框架。因此，学生、家长和学校管理者的观点和反馈应被纳入考量。学生作为被评价的对象，其自我反馈和同伴评价能够为评价体系注入更为真实的声音；而家长则能从家庭教育的角度出发，为评价体系提供宝贵意见；同时，学校管理者的政策支持和资源保障也是评价体系不可或缺的一环。通过这些多方力量的有机融合，不仅能全面反映学生的学习情况和发展需求，更能增强评价的客观性和公正性。值得一提的是，多方参与并非简单叠加，而需巧妙结合定量评价和定性评价，引入多元化评价方法和工具，并建立有效反馈和改进机制。唯有如此，我们才能构建更为科学、全面的小学语文教学评价体系，有效促进学生的全面发展。

---

① 郭洪瑞. 指向教与学的评价变革：鲁斯·达恩“作为学习的评价”理念的探析[J]. 学术探索，2024（3）：150-156.

第五章　评价内容：小学语文教学评价的核心要素

新课改教育精神强调教师评价方式的改革，除对学生进行基本知识的传授外，还应注重对学生的评价，对课堂进行科学评价和反馈。《义务教育语文课程标准（2022 年版）》（以下简称“新课标”）在评价建议中明确指出：“应重视增值评价，关注学生个体的进步幅度，避免过度评价、无序评价对日常学习造成干扰，避免用评价结果的简单比较衡量学生的学业表现”。此外，强调教学评价的整体性和综合性，要求评价活动与教学内容紧密结合，而不是作为一个独立的环节存在。在具体实践中，小学语文教学评价应集成形成性与终结性评价，确保既监控学生的学习过程，也评估学习的最终成果。形成性评价鼓励学生通过自我评价、同伴评价等方式积极参与评价过程，提高评价的动态互动性。终结性评价则通过定期的测试和综合性项目作业来衡量学生在一定学习周期后的学业水平。为了更有效地支持学生的语文学习，评价内容设计还需突出学生的主动性和自主性。通过“以评导学”“以评促教”的策略，激励学生在阅读、写作和评价中自我驱动，转变学习态度，从“学习为学”到“学习为用”。教师在这一过程中，不仅是知识的传递者，更是学生学习过程中的引导者和支持者。最终，教育的核心任务是激发每个学生的潜能，苏霍姆林斯基说过：“培养全面发展的人的技巧和艺术在于：教师要善于在每一个学生面前，甚至是最平庸、在智力发展上最有困难的学生面前都向他打开他的精神发展领域，使他在这个领域里达到顶点，从人的自尊感的源泉中汲取力量。”在小学语文的教学评价中，这意味着通过评价内容的设计，让学生在学习过程中实现全面发展，提高其语文综合运用能力，为未来的学习和生活奠定坚实基础。

第一节　小学语文教学评价内容设计的实施策略

新课改强调采用多种评价方式，如形成性评价、终结性评价等，以全面了解学生的学习情况和发展需求。教学评价的转变，促使教师改变传统的评价方式，更注重评价的过程性和发展性。崔允漷教授认为：“课堂教学中的教、学以及评价活动共享着清晰的目标，教师的教是帮助学生实现目标的指导活动，学生的学是实现目标的学习活动，教师对学生学习表现的评是监测目标达成情况的评价活动。”① 这意味着学习评价是对学生课堂学习成果的反馈，同时也是教师开展后续辅导工作的重要依据。② 语文教学评价的设计应关注学生的个体差异，关注他们的进步和成长。这种关注不仅仅体现在学业成绩上，更体现在学生如何运用语文知识进行有效沟通、批判性思考以及创造性表达上。提升学生自主学习的评价能力、通过评价促进学生深度理解文本、巧妙运用评价指导学生改进学习策略是语文教学评价设计的关键路径。传统的教学评价常常与学生的真实学习需求不相符，过分依赖教师的单向评价，忽视了学生自我评价和同伴评价的重要性，这种做法难以激发学生的学习热情和主动性，也不利于学生能力的全面发展。因此，教师应当拥抱新时代教学评价的理念，聚焦过程性评价和自我反思评

---

①　李雪，姚伟. 美国基础教育质量评估的进展与启示——基于马萨诸塞州的实践探索［J］. 东北师大学报（哲学社会科学版），2021（4）：92-99.

②　尤添盛. 新课标背景下初中数学差异化教学的实施策略［J］. 数学大世界（中旬），2022（9）：15-17.

价的策略，实施多元化的语文教学评价。这不仅可以帮助学生建立起自我监控和自我调节的学习能力，也能够促进学生在语文学习中的能力提升，为其终身学习奠定坚实的基础。

一、灵活应用评价标准，适应学生多样性

苏霍姆林斯基曾说："在集体教育活动中，一定要关注每一个成员的精神世界，对于每一个学生都要给予热切的关怀。"教学评价，作为教育过程中不可或缺的一环，其目的在于促进每位学生的全面发展。灵活应用评价标准，旨在尊重和适应学生的多样性，是衡量教师是否能够满足学生个性化学习需求的重要指标之一。在实施教学评价时，重视学生能力发展水平的差异和个性化学习路径的指导，能够激发学生的学习兴趣，促进其自主学习能力和习惯的形成。采用以学生为中心的评价设计，使学生在评价过程中感受到自我价值的实现和学习动力的提升。运用多元化的评价标准，既包括学生的学业成就，也包括其思维能力、情感态度、学习策略等非智力因素的评价，这样的评价设计不仅拓宽了评价的视角，也为学生提供了全面自我展示的平台。在此基础上，教师应引导学生参与自我评价和同伴评价，这不仅能增强学生的自我反思能力，也能促进他们在社交互动中的认知和情感发展。教师在实施灵活的评价标准时，还需关注评价过程中的公正性和透明性，确保评价的反馈具有建设性和指导性，既指出学生的不足，也肯定其进步和努力。通过定期与学生进行评价沟通，教师可以更好地理解学生的学习需求，调整教学策略，为学生创造符合其发展水平的学习环境。

《书戴嵩画牛》教学设计[①]

（一）创设情境，促进体认中华文化

学习活动：游戏创境，导入新课。

师：中华文化源远流长，唐诗宋词是中华民族优秀的传统文化瑰宝。小学阶段，我们已经积累了很多有关古诗词的文学常识。咱们来玩一个“最强大脑”游戏，有没有信心？

师：“小时不识月，呼作白玉盘。”他字太白，是唐代伟大的浪漫主义诗人，被誉为“诗仙”。他是谁？

生：他是李白。

师：“争渡，争渡，惊起一滩鸥鹭。”她是婉约词派代表，擅长书画，尤精诗词，被称为“千古第一才女”。她是谁？

生：她是李清照。

师：“竹杖芒鞋轻胜马，谁怕？一蓑烟雨任平生。”他是豪放派词人的杰出代表，其诗、词、赋、散文均成就极高，擅长书法、绘画，是千古一遇的全才。他是谁？

生：苏轼，宋代大文豪。

师：关于苏轼这位大文豪，你还了解些什么？

生 1：苏轼，字子瞻，号东坡居士，是唐宋八大家之一。

生 2：他与父亲苏洵、弟弟苏辙合称“三苏”，他还是著名的美食家。

师：谁知道戴嵩，能简单地介绍一下他吗？（课件出示：戴嵩，唐代著名画家，擅长画牛，特别是斗牛，栩栩如生。）

师：戴嵩和苏轼是两个朝代的人，相隔几百年，可历史就是那么巧合。戴嵩的一幅《斗牛图》传至宋代，引出了一个有趣的故事，苏轼

---

① 梅立新，韩昌霞．发挥评价标准导向功能，培养小学生语文核心素养——以六年级上册文言文《书戴嵩画牛》教学为例［J］．安徽教育科研，2023（28）：96-99．（引用时有删改）

据此写下一篇小文章。这就是我们今天要学习的文言文《书戴嵩画牛》。

“基于学生核心素养发展的课堂教学评价标准”明确了“文化传承”细项的具体标准：“突出以文载道、以文化人，引导学生在语文实践活动中体认与传承中华优秀传统文化、革命文化、社会主义先进文化，树立正确的世界观、人生观、价值观，拓宽文化视野，积淀文化底蕴，增强文化自信。”

文言文承载着中华民族优秀的传统文化。此课例中，教师从“文化传承”这一评价标准出发，发挥文本载道与育人功能，创设情境，激发兴趣，在“最强大脑”游戏中融入精炼优美的唐诗宋词，引出对苏东坡和戴嵩的介绍，顺势揭晓课题。这样的设计，使学生产生了强烈的阅读期待，兴趣盎然地走进文言文世界。在接下来的教学中，教师又设计了一连串的语文实践活动，比如品读“笑而然之”“拊掌大笑”等重点词句，深深地吸引了学生的注意力，激发了学生对中华优秀传统文化的自豪感，促进其体认中华文化，增强文化自信。

（二）精当拓展，强化传承中华文化

作业超市：课后拓展。

①阅读其他题跋作品，推荐阅读《书黄筌画雀》，和同学分享体会。

②查找后人对戴嵩画作的评价，和同学交流。

③和家人分享“我的故事”。

上面的作业，①必做，②③任选一项完成。

附：题跋《书黄筌画雀》

黄筌画飞鸟，颈足皆展。或曰：“飞鸟缩颈则展足，缩足则展颈，无两展者。”验之信然。

乃知观物不审者，虽画师且不能，况其大者乎？君子是以务学而好问也。

“基于学生核心素养发展的课堂教学评价标准”中的“作业适量”这一细项明确“从发展学生核心素养入手设计作业，形式多样，难度和数量适当。关注学生的个性化发展，增强作业的层次性、适应性和可选择性，满足学生不同需求。科学设计探究性作业和实践性作业”。

此教学环节，教师依据“文化传承”和“作业适量”两个细项所描述的要求，根据文体、题材、主题、人物进行阅读拓展，引导学生传承中华优秀传统文化。“作业超市”的形式体现“可选择性”，满足了学生的多层次需求。让学生查找搜集其他的题跋作品及后人对戴嵩画作的评价，推荐阅读《书黄筌画雀》，实践性强，在拓展学生阅读视野的同时，让学生在潜移默化中接受中华优秀传统文化的熏陶。

上面的教学设计具有灵活应用评价标准，适应学生多样性的策略。教师在教学中充分考虑到学生的不同特点和学习需求，通过游戏创境、多媒体教学等方式，引导学生进入学习状态，激发了学生的兴趣和积极性。在评价方面，教师结合学生核心素养发展的课堂教学评价标准，明确了文化传承细项的具体标准，并在教学中贯穿文化传承的理念，以文以载道，引导学生在语文实践活动中体认与传承中华优秀传统文化。同时，在作业设计上，教师设计了作业超市的形式，提供了多样化的选择，满足了学生的个性化需求，增强了作业的层次性、适应性和可选择性。这种灵活的评价方式，使得教学更贴近学生的实际情况，促进了学生的全面发展和个性化成长。

（一）个性化评价指标的设定

《论语》多处记述因材施教的理念，如“柴也愚，参也鲁，师也辟，由也喭”。小学时期是学生个性化特征显现和学习习惯形成的关键阶段，正处于从直观感知向抽象思维发展的转型期，因此，教师在设计评价指标时必须深刻理解每位学生的独特性和发展阶段。如何实施个性化评价指标的设定？既不能采取一刀切的标准化评价，也不能完全放任自流，让评价失去公正性和指导性。因此，评价指标的设计关键在于找到既尊重学生个性，又能科学评价学生学业和能力发展的平衡点。

然而，小学生的认知和情感发展不尽相同，个性化评价的实施不仅需要教师的细致观察和深入理解，更需要家长的配合与支持。雅斯贝尔斯在《什么是教育》中提到："教育是人的灵魂的教育，而非理智知识和认识的堆积。"① 在评价指标的设计与实施过程中，教师应重视培养学生的自主学习能力和批判性思维能力，鼓励学生表达自己的看法和理解，而评价的过程就是激发和引导学生内在潜能的过程。教师在制定个性化评价指标时，应当包括学生的学业成就、思维能力、情感态度、创新精神等多维度指标。通过对学生综合能力的评价，教师不仅能更全面地把握学生的学习情况，还能根据评价结果调整教学策略，促进学生个性化发展。此外，教师应引入自我评价和同伴评价机制，使学生在评价过程中学会自我反思，提高自我认识，从而更好地适应学习和生活。在这一过程中，家校之间的密切合作尤为关键。家长的参与不仅能够提供更多关于学生个性和需求的信息，也能在家庭环境中为学生创造支持性的学习氛围，共同促进学生的全面发展。因此，个性化评价指标的设定和实施，是一个需要教师、学生、家长三方共同参与和不断调整的动态过程。

（二）灵活运用评价工具和方法

"工欲善其事，必先利其器。"在小学语文教学评价过程中，选择和运用恰当的评价工具和方法，是提高评价效率和效果的关键。在适应学生多样性的同时，教师还应根据学生的具体需求和评价的具体目标，灵活运用多样的评价工具和方法。语文教学评价涵盖学生的阅读、写作、听说等多个方面，教师可依据不同的评价内容，选择合适的评价工具，如自我评价表、互评表格、学习档案袋、电子评价系统等，

① 张建明．"国之大者"视域下加强新时代思政课建设的实践进路［J］．河南大学学报（社会科学版），2023，63（6）：123-127＋155-156．

将传统的笔试、口试与现代的信息技术工具相结合，形成多元化的评价模式。

教师在指导学生运用评价工具和方法时，应鼓励学生根据自己的学习情况，选择适合自己的评价方式，以促进其个性化学习的发展。在课堂内外，教师可以设计多样化的评价活动，如学习项目展示、角色扮演、小组讨论等，这些活动不仅能够全面评价学生的语文综合能力，还能激发学生的学习兴趣，增强他们的实践能力。

（三）提供多样化的反馈方式

法国教育家米歇尔·朱维特说过，教师富有激励和鼓舞色彩的教学评价，是提高课堂教学效果的最好办法之一，这能够让学生产生自豪感，形成主动学习的内驱力。可见，一个有效的评价系统应能够鼓励学生发挥各自的特长，同时提供多样化的反馈方式，以促进每个学生的全面发展。苏联教育家苏霍姆林斯基认为，人的内心深处都有一种根深蒂固的需要，那就是渴望被人赏识，而学生这方面的需要更为强烈。采用科学的评价、鼓励学生保持思考的积极性等，引导学生理解概念、发展能力。① 要求教学评价不仅仅关注学生的知识掌握情况，更要关注学生如何将语文知识和技能应用于实际情境中，以及学生的思维品质、情感态度、学习策略等非智力因素的发展。教学评价内容的设计，因此，需要采用多元化的评价活动，全面反映学生的综合能力。

教师可以设计包括自我评价、同伴评价、项目评价、过程性评价等多种评价形式，使评价活动更加贴近学生的实际学习情况和心理特点。这种及时的反馈不仅能够增强学生的学习动机，还能够促进学生对自我学习过程的反思，进一步提高学习效率。

---

① 何声清，綦春霞. 学生感知的教师自主支持与数学焦虑如何影响学业成就——基于Z省42643名学生的调研数据［J］. 教育科学研究，2023（2）：60-68.

二、融入过程性评价，强调学习过程

融入过程性评价，是指在小学语文教学评价中强调学生学习过程的重要性，即将学习过程的各个阶段作为评价的重要内容。泰勒认为："持续性的反馈评价能够在学生和学习间形成良性循环体系，使教学相长，且与未来的学习发展紧密联系。"因此，过程性评价能够提供更全面的学习反馈，帮助教师和学生了解学习的深度和广度，从而更好地指导学习和教学活动。学习过程，实际上是学生主动探索和内化知识的过程，是发展思维能力、情感态度和学习策略的过程。通过将过程性评价融入教学，让学生在学习的过程中自主体会和反思，改变传统评价中过分侧重结果的做法，使学生逐渐形成有效的学习方法和体验学习的成就感。学生在参与学习活动的过程中，对学习内容和方法进行个性化的加工和应用，积累有效的学习策略；在此基础上，教师融入了过程性评价的要求和指导，进行观察记录、即时反馈、形成性评价等教学策略的实施，将学习过程的观察与反思有机地结合起来，以过程性评价的方式促进学生的思维发展，激发学生的学习动力。可见，融入过程性评价的教学策略是小学语文教学评价内容设计的有效实施途径。融入过程性评价强调从学习过程中提炼、观察和评价学生的能力发展，但是在实际的教学评价中，受限于评价工具的设计和教师专业能力的不足，有些教师可能过分侧重于观察学生的行为表现，忽略了对学生思维过程和策略运用的关注。教师在教学中应增加对学生"思考"的引导和对学生"策略运用"的关注，通过多样化的评价方式，深化对学习过程的理解和引导，通过不断地反思和调整，将观察到的学生学习过程转化为促进学生能力提升的具体教学行动。

《童话王国》教学设计①

教师总结讨论的问题，并引导学生思考可能的成果要点，由此引出关于评价量表的思考。此时教师可以呈现一份评价量规初稿作为评价学习支架，如表5-1，学生在此基础上，结合对项目主题的思考和认知，发表自己的意见，不断完善和修正评价表。以最终的评价表作为项目成果的设计方向，为学生的创作提供方向性指导。

表5-1　作品检核表预设

表现指标	自评	他评
（1）故事有新意		
（2）人物形象饱满		
（3）故事情节丰富		
（4）有情感升华		
（5）图片插画贴合主题		
（6）字数达到要求		
总分		

1. 学生自由组建小组

四年级学生已经参与过一些语文综合性学习，了解和具备一定的小组合作经验，可以尝试常用半开放式的小组组建方式，具体方式教师可以根据学情决定，但要注意组间的同质与异质。本项目的重点是编写童话故事，可以增加一些随机因素，可能会增加成果的多样性。组建之后及时商讨和签署“团队协议”，因为小学阶段的学生集体意识不够强烈，需要外在形式帮助他们不断聚拢。同时，各小组间根据自己的需求，完善课堂公约，期待教师的“放权”与“协助”形式。这

① 王乔松．基于项目学习的小学语文综合性学习教学策略研究［D］．成都：成都大学，2024．

个过程是在不断总结和升华过往的项目经验，同时增强学习共同体的合作意识，形成项目合作的凝聚力。

2. 知识与能力建构

在知识与能力建构部分，主要任务是帮助学生解决认知冲突，梳理已知、未知和求知的问题，澄清对驱动性任务的已有认识。组内采用“7—3—1”的提问方式或者使用 KWL 表形成问题清单，教师根据小组情况，提供资源支架和分析支架，帮助学生深化对于“编写”的认知，逐步由低阶认知过渡到高阶认知，从基本的用词恰当、句子通顺的要求过渡到童话故事的人物饱满、情节丰富和情感升华，在制作电子书的过程中，学生也能运用信息技术课上所学的知识，在插图的选择上体现学生审美能力。

（有删改）

表 5-2　KWL 表

关于这一问题 我的已知	关于这一问题 我想知道	关于这一问题 我打算如何解决（进一步学习）

在教师的引导和学生的探究中，逐步完善评价检核表，包括程序、作品、行为三方面，对编写童话故事的程序步骤合理与否、作品达标与否、小组成员参与情况等方面进行评价内容的设置。

3. 探索与形成成果

项目的探索和形成首先是小组明确自己的童话故事主题，列出故事提纲，分配小组成员工作，完成任务清单和项目流程图，并且需要定期回顾和比照，保证项目成果完成的进程和成果的整体性。确定好计划和安排，就要填写相应的工作计划表，如表 5-3 所示。编写童话故事的需要大量地阅读童话故事，根据主题搜集相应的资料，小组成员需要不断完善和扩充故事，通过别人的阅读和建议不断完善自己的成果，以电子书的形式进行展示。在学校资源允许的条件下，教师还可以利用高校资源，与文学类专业的大学生开展项目学习，为学生提供“专家”指导。

表 5-3　计划表

<table>
<tr><td colspan="8">小组工作计划表</td></tr>
<tr><td colspan="2">童话主题</td><td colspan="6"></td></tr>
<tr><td>组长</td><td></td><td>组员</td><td colspan="5"></td></tr>
<tr><td colspan="2">成员分工</td><td colspan="6"></td></tr>
<tr><td colspan="2" rowspan="4">工作计划</td><td colspan="2">阶段</td><td>时间</td><td>任务</td><td>目标</td><td>负责人</td></tr>
<tr><td colspan="2">阶段 1</td><td></td><td></td><td></td><td></td></tr>
<tr><td colspan="2">阶段 2</td><td></td><td></td><td></td><td></td></tr>
<tr><td colspan="2">阶段 3</td><td></td><td></td><td></td><td></td></tr>
<tr><td colspan="2">过程性资料</td><td colspan="6"></td></tr>
<tr><td colspan="2">预期成果展示形式</td><td colspan="6"></td></tr>
<tr><td colspan="2">注意事项</td><td colspan="6"></td></tr>
</table>

4. 评价与修订

语文综合性学习采用项目模式的意义就在于项目成果要经得起他人的推敲与质疑，是参项人员经过多次打磨形成的成果。《童话王国》

的评价与修订环节主要在班级内部进行，各项目小组面向全班同学进行小组项目成果的展示，教师和其他组员以及小组内部都要对项目进行评价，深度交流，各小组再依据这些评价和建议进行成果的修订和调整。此环节是成果展示前的修订，最终各小组分工，完成电子书的排版。评价修订环节中，不仅要引导小组进行自我反思和改进，还需要引导多方群体进行评论，征集更多的修改方案。评价内容如表 5-4 所示，不只是局限在简单填写的检核表评价，还需要对改进成果提出建议，甚至还可以采用同伴评价表进行汇总。

表 5-4　同伴评价表

项目名称			
我最想被评价的地方	评价人 1 的意见	评价人 2 的意见	评价人 3 的意见
1.			
2.			
评论人提出的其他意见	评价人 1 的意见	评价人 2 的意见	评价人 3 的意见

5. 公开成果

公开成果即所谓的出项，是整个项目的高潮，出项既是学生展示能力的平台，也是重要的仪式环节，让学生知道自己所做的东西是有价值和受众的。本项目的最终成果是全班合作完成的电子书，所以采用新书发布会的方式进行成果展示。场地可以选择学术报告厅等较大的空间以便容纳更多的参会的人员，可以邀请教师、同学、家长、社区参与到发布会中。发布会的策划也需要各小组协调进行，锻炼学生的策划与组织能力，同时模拟真实的会议场景，证明学生个人和团队的成长。在发布会中，学生可以呈现项目成果、对成果完成过程和其中有重要价值的事件进行解释说明。新书发布会的现状情况还可以记录发布在微信公众号上，同时将《童话王国》故事书进行展示，在多平台进行成果推广。

6. 反思与迁移

在反思与迁移阶段，由于学生的体量大，教师难以逐一了解学生的学习情况，比较便捷的方式就是让学生填写《项目评价表》，再随机挑选学生进行访谈，根据这些资料了解项目的实施情况，便于本次项目的修正和完善，以及确定下次设计项目的起点。整个环节是对项目实施情况的复盘，师生要全面参与，让学生反思本次的创作历程，不断深化核心知识。

老师以项目学习为框架，以编写童话故事为主题，设计了一系列富有启发性和创造性的教学策略。其中，融入过程性评价，强调学习过程的策略尤为突出。通过学生自由组建小组、知识与能力建构、探索与形成成果、评价与修订、公开成果以及反思与迁移等环节的设计，教师将评价贯穿于整个项目学习的始终，注重了对学生学习过程的全面观察和指导。在学生自由组建小组的阶段，教师通过商讨和签署团队协议以及完善课堂公约的方式，培养学生的合作意识，并在形成团队之后，通过不断总结项目经验，增强学习共同体的凝聚力。在知识与能力建构的部分，教师通过提问方式和资源支架的提供，引导学生由低阶认知过渡到高阶认知，注重学生对编写童话故事的深入理解和实践。在探索与形成成果的过程中，教师督促学生明确故事主题，制订工作计划，完善故事内容，并借助外部资源如高校专业人士的指导，提升学生的创作水平。在评价与修订环节，教师通过班内评价和深度交流，引导学生自我反思和改进，促进成果的不断提升和完善。最终，在公开成果的环节，教师组织学生进行成果展示，让学生通过展示自己的作品感受到学习的成就和价值。这一过程中教师不仅关注学生的成果，更注重学生在项目学习过程中的成长与发展，使评价成为学习的一部分，促进了学生全面发展和个性化成长。

（一）定期自我反思，增强学习自觉

在小学语文教学评价的过程中，一个核心环节是培养学生的自我反思能力。小学阶段是学生学习习惯和自我监控能力发展的关键时期，学生在这一阶段的自我意识尚在初步形成阶段，这也是他们在学习中可能表现出依赖性强、自主学习能力弱的原因所在。然而，这也是他们自我监控和反思能力可以迅速发展的阶段。因此，融入过程性评价的教学中，定期的自我反思是必不可少的步骤。教师做评价者，其工作重点在于评估学生口语交际能力，反馈给学生便于其发扬长处、纠正不足，教师做指导者的重要性主要表现在指导学生培养自我反思意识与自我评价能力[①]。自我反思不仅能够帮助学生审视自己的学习方法和进步，同时也能够帮助教师评估学生是否掌握了有效的学习策略。自我反思的目的在于让学生在学习过程中发现问题、分析问题，并寻求解决策略或方法，而非仅仅停留在完成任务的表面。为了有效实施自我反思，教师应该指导学生建立正确的反思观念，引导学生进行有意义的自我评价。首先，自我反思的练习应该是循序渐进的，从对单次学习活动的反思逐步扩展到对整个学习过程的反思。其次，反思的内容不应脱离学生的实际学习经历，而应紧密联系实际，激发学生深入思考。最后，自我反思的频率和深度也应从简单到复杂，逐渐加深，帮助学生拓宽思维，增强学习自觉。

（二）互动式同伴评价，促进合作学习

互动式同伴评价让学生了解了不同学生的学习方法及表达的多样性，但在这一过程中，学生只有“评”而缺乏“思”，可能仅仅是机械

---

① 张放．小学高段语文口语交际教学评价现状研究［D］．天津：天津师范大学，2023．

地评价同伴的作业，而没有深入探讨和思考。在教学过程中，如何将学生的评价转化为有意义的学习体验，将从同伴评价中学到的观点和策略应用到自己的学习中，还需要不断的互动和精细化的讨论，以此丰富学生的学习表达和理解。首先，教师可以收集并展示学生在同伴评价中的典型反馈，让全班同学对这些反馈进行鉴赏，分析其中的优缺点并提出改进建议，让学生在原有的基础上进行思考和调整。其次，根据不同的学习任务和学生的认知特点，进行针对性的评价训练。例如，让学生在讨论课文内容或某个学习活动时扮演不同的角色，以多角度的视角进行互评。最后，结合课堂学习内容与学生的生活实际，找到二者的联系点，创设新的评价情境，如在团队项目中进行角色分工，每个学生都有具体的评价职责，既促使学生在实际中找到评价的切入点，也让学生在实际的互动中学会如何表达自己的观点和接受他人的意见。

（三）持续的教师反馈，指导学习方向

"融入过程性评价"是为了学，持续的教师反馈是对学生学习方法及学习策略的持续指导，其终极目的是使学生能够将在日常学习中获得的知识和经验转化为自主学习的能力，从而提升学生的综合学习能力。学生在日常的课堂互动中扩展了知识视野，积累了关键的学习技能；在初步的学习实践中，通过教师的即时反馈和形成性评价，学生延伸了对学习内容的理解，习得了有效的学习策略，并将这些策略应用于实际学习中，初步掌握了自主学习的方法。在此基础上，学生将已有的知识与自己的生活经历结合起来，通过教师的持续反馈，进行创新性的思考和策略运用，达到提升自己的学习能力的目的。教师的反馈不仅限于学生的正确与否，更重要的是引导学生思考为什么正确或为什么错误，帮助学生建立起自我纠错和自我提升的能力。

三、整合评价内容，培养跨学科能力

在小学语文教学评价中，整合评价内容并非教学的结束点，而是一种深化和扩展“学”与“评”的方法。教育家杜威在《民主主义与教育》一文中指出：“持久地改进教学方法与学习方法的唯一直接途径，在于把注意力集中在要求思维、促进思维和检查思维的种种条件上。”整合评价内容不仅促进学生语文技能的提升，也激发其在其他学科领域的能力发展。在传统教学评价模式中，教师的评价往往以单一学科为中心，学生提交作业后便标志着评价的结束。然而，面对众多学生的作业，教师往往难以细致地针对每个学生进行个性化评价。这种情况下，评价往往显得形式化，缺乏针对性和建设性，无法有效地支持学生的学科间能力发展。与此相反，整合评价内容的策略强调在语文学习与其他学科知识的交叉点上进行评价，不仅涉及评价的多元化，也包括评价主体的多元化。在这一模式中，评价过程被视为学习的一部分，而非终点。教师将一部分评价权力下放给学生，自我评价和互评成为常态，通过这些多样的评价方式，学生可以在语文学习中发现数学、科学等其他学科的连接点，从而达到跨学科能力的提升。教师在实施这种评价策略时，不仅要作为评价的组织者和引导者，还需要成为激励者和支持者。通过定期的、多样化的评价活动，教师帮助学生理解并应用学到的知识于广泛的学科领域，从而提升他们解决复杂问题的能力。

《植物成长档案袋（第二课时）》案例设计①

一、课堂导入

师：同学们，这段时间你们做了小小观察员，在这期间你们连续观察了豆芽、白萝卜、蒜苗的生长变化，也用观察日记记录了观察的收获，制作出了自己的植物成长档案袋，老师也在全程跟进你们的种植情况，在这个过程中，你有什么感受呀？

生 1：感觉种子的生长太神奇了。

生 2：看到绿豆发芽的那一刻我特别有成就感。

生 3：我在写观察日记的时候，感觉有好多东西都可以写，不像之前没有办法下笔。

……

师：看来同学在自己动手种植植物、观察植物的生长变化中收获满满，感受很深啊！

二、主题活动三：小小探究家，我来做验证

师：同学们，你们还记得吗？之前我们提出了关于种子生长快慢的一些猜想，这节课我们一起来验证一下吧。哪位同学率先来分享？

生 1：我种的是豆芽，我提出的猜想是它的生长与浇水量、浇水的时间和次数有关。经过自己种植豆芽，发现果然是这样的，在豆芽发芽后的一周中，在保证温度、阳光等其他条件不变的情况下，我改变了浇水量，用尺子量它们的高度，我发现浇水不足时长高的高度确实要小一些。

师：其他选择种豆芽的同学有提出这个猜想吗？你是如何验证的呢？

生 2：我和这位同学的猜想一样，我画了豆芽高度变化统计图，验证的结果也是一样的。

师：还有没有种植其他植物的同学来分享？

---

① 彭雪．小学语文跨学科主题学习活动设计研究［D］．重庆：西南大学，2024.

生 3：我种的是蒜苗，我提出的猜想是它们是一开始长得快，还是后面长得快呢？还是一直是匀速生长……

师：看来呀，同学们通过自己的实践探究都验证了自己的猜想，果然，实践是检验真理的唯一标准，老师为你们点赞。

三、主题活动四：小小演讲家，我来晒一晒

1. 检查观察日记是否达到要求

师：同学们，请大家看一看书上习作板块呈现出来的咱们本次观察日记的评价标准是什么？

生 1：观察细致，写清楚观察对象的变化。

生 2：内容准确。

师：现在请同学们看看你的植物生长档案袋中的观察日记是否符合这两个标准，如果不符合的话请尽快修改一下，同桌之间可以相互检查。

2. 举行“晒草大赛”，将植物的生长档案以演讲的形式来分享

师：同学们，现在老师邀请大家来晒一晒自己种植的植物，把自己制作的植物生长档案袋以演讲的形式分享，同学们先在自己的组内演讲，然后豆芽组、白萝卜组、蒜苗组每组分别推荐三位同学起来演讲，由全班同学评选三位“最佳植物小主人”。现在开始吧。

师：同学们在组内演讲完了吗？推荐哪几位同学？

生：选出来了。

师：说说你们推荐的理由。老师提醒一下同学们，因为时间有限，同学们可以挑选你认为精彩或触动你的片段进行演讲，现在邀请每组被推选出的同学依次上台演讲，请同学们掌声欢迎。

师：现在请全班同学举手投票选出三位“最佳植物小主人”。

师：同学们，谁能给大家说说你的投票理由，说说你的评价标准是什么。

生 1：我觉得××的植物成长档案袋制作得很好，演讲也非常有感情。

生 2：我觉得××观察得特别细致，记录也非常详细。

生 3：××同学的植物生长档案袋看起来非常清晰，可以让人很快了解这个植物从种子到发芽再到一步步生长的过程。

……

四、巩固拓展

师：同学们，这节课我们验证了自己的猜想，也做了小小演讲家，分享了自己的植物成长档案，举行了“晒草大赛”。课下请同学们继续整理自己的习作，老师给大家推荐《我的植物日记》这本书，大家有空时可以看看这本书。另外，同学们可以继续写写其他植物的观察日记哦，为它们创建成长档案袋。

五、教学评价

表 5-5　教学评价设计表

评价类型	学习活动	基本标准
过程性评价	我做植物小主人	(1) 能运用感官和比较的方法观察豆芽、大蒜、白萝卜的种子，观察其内部结构和外部形态并记录观察结果 (2) 能对植物的生长情况提出简单的科学预测 (3) 能够借助尺子或放大镜等工具进行连续观察，客观记录观察所得，做到记录清晰、图文皆宜
	学写观察日记，制作植物成长档案袋	(1) 运用科学课上学到的观察方法，在观察的时候记录自己的想法和心情，完成植物大变身记录表 (2) 能够明确观察记录和观察日记的区别，以及写观察日记的内容和要求 (3) 能够完成观察日记的写作，做到内容丰富、准确 (4) 能够根据观察记录和观察日记整理出植物的成长档案袋
	小小探究家，我来做验证	能够根据自己的观察结果，解答之前关于种子成长快慢的疑惑

续表

评价类型	学习活动	基本标准
	小小演讲家，我来晒一晒	(1) 能够做到观察仔细，对自己和他人的观察日记进行自评和互评，能够根据要求修改自己的观察日记 (2) 能够在小组内晒一晒自己种出的植物，通过演讲的方式分享自己的植物成长档案袋，做到流畅大方 (3) 能够在小组合作中友善交流，共同推荐一名同学，代表小组在班里演讲
单元测评	做“火眼金睛”观察员，写观察日记	(1) 学会综合运用科学课和语文课学到的观察方法进行观察，采用多种方法记录观察所得 (2) 能完成观察日记的写作，做到观察细致、内容准确 (3) 能够晒一晒自己种植的植物，在班级里以演讲的方式分享自己的植物成长档案袋 (4) 能对他人的分享做出恰当的评价

通过教师示范、总结和学生参与共同评价，以及家长参与和网络追评的延伸，以上课程设计有效提高了学生在习作教学中的参与度，充分体现了他们的主体地位。教师在评价过程中不仅关注作品的成绩，更注重学生的思维能力和跨学科能力的发展。学生通过种植植物、观察生长变化，并记录在观察日记中，体验了科学实验和写作的结合，培养了他们的观察、记录和表达能力。在晒草大赛中，学生以演讲的形式分享自己的植物成长档案，展示了自己的成果，同时通过同学间的评选，培养了他们的演讲技巧和团队合作能力。家长的参与和网络追评进一步加强了家校合作，促进了家长与学生之间的沟通与互动，为学生的学习成长提供了更多支持与关注。这种多元参与的评价方式，有助于培养学生的综合素养，推动他们在跨学科能力上的发展，实现了评价的多样性和主体的多元参与。

（一）跨学科知识融合，扩展学习领域

跨学科融合的知识在小学语文教学评价中扮演着至关重要的角色，其成功实施依赖于清晰且具体的融合标准。在常规的教学评价模式中，评价的执行往往局限于单一学科，这种做法易受教师个人经验和主观偏见的影响，导致评价结果存在不一致性。例如，同一份学生作业在不同的评价时刻或由不同的教师评价，可能会得到截然不同的反馈，使学生难以获得稳定和有用的评价结果。为避免在跨学科评价活动中出现忽视标准规范的问题，确立明确的融合标准显得尤为关键。在以学生为中心的评价过程中，制定这些标准的过程应充分涉及学生的主动参与。教师可以与学生一起审视一个跨学科的学习项目，通过这个共同的审视过程，一起构建更细致、更精确的跨学科融合标准。此外，标准制定时还应当考虑到学生在不同学科中的个别差异，从而在操作性的基础上引入层次性，为各种评价主体的参与提供清晰的指导和方向，以提升评价的准确性和有效性。

（二）强化批判性思维，培养解决问题能力

皮亚杰曾说："教育的目标是造就批判性思维的头脑、敢于验证问题的头脑，而不是人云亦云的头脑。"这意味着教师的角色应转变为问题解决和批判性思维的促进者。在设计小学语文的教学评价时，教师应创造条件让学生在评价中扮演更为主动的角色，通过自我评价、互评以及参与评价标准的制定，学生能够更深入地分析和理解学习内容，同时批判性地审视自己和他人的观点和方法。此外，核心素养导向下的教学评价从知识本位转向学生本位，关注学生的发展和成长，重视对学生主体心灵和智能的培育①。教师评价、学生自评和互评、家长评价等多种形式的评价不仅丰富了评价的视角，也增强了评价的客观性

---

① 耿红卫，姬璐晴．基于语文核心素养的初中古诗词教学策略研究［J］．教育理论与实践，2023，43（35）：54-57.

和全面性。通过这种方式，学生可以在评价过程中学习如何从多个角度审视问题，学习如何发现问题并提出解决方案。在具体实施中，教师可以设计一系列基于现实问题的语文任务，要求学生运用批判性思维来解析文本、辨识作者观点、比较不同的论证，以及提出自己的见解和解决策略。这种任务不仅测试学生的语文技能，更重要的是评价他们如何运用这些技能来应对和解决实际问题。

（三）多样化评价方式，全面评估学习成效

传统的评价方式往往限于简单的分数和批注，这种做法虽然简便，但很难深入激发学生的学习兴趣或理解能力。《深化新时代教育评价改革总体方案》（简称《总体方案》）就指出，要“充分利用信息技术，提高教育评价的科学性、专业性、客观性”，还特别提到要创新评价工具，利用人工智能、大数据等现代信息技术探索新的评价模式。为了充分发挥评价的教育功能，教师应采用多种评价工具，从而更全面地反映学生的学习过程和成果。这不仅包括传统的笔试和作业评价，还应涵盖项目作业、口头表述、同伴评议、自我评估及基于电子平台的互动式评价。这些多样化的评价方法可以从不同角度捕捉学生的学习状况，更加细致和全面地了解学生的思维过程和创造能力。利用人工智能和大数据的评价工具，如智能分析系统，能够自动收集和分析学生的学习数据，提供个性化的反馈和建议。这种技术的应用不仅可以减轻教师的工作负担，还可以提高评价的及时性和准确性。在这个过程中，教师的角色是引导和促进学生全面发展的伙伴。通过设置清晰的评价标准和提供及时的反馈，教师可以帮助学生理解如何改进并实现自我超越。这种互动和反馈过程本身就是一种学习经验，能够有效提升学生的学习动力和成就感。

第二节　小学语文教学评价内容设计的经典案例

小学语文教学评价内容的设计结合新课标要求，应突破对“分数”的异化追求，树立“素养”导向的评价理念，以培养学生创新意识和实践能力为目标，通过观察、记录和评价学生的思维过程、解决问题的方法和创新成果，及时给予积极的反馈和鼓励，使评价更加关注学生学习的全过程。评价设计的有效实施，对于提升教学质量、增强学生的语文综合能力以及促进学生全面素质的提升都具有深远影响。

一、经典案例

“与植物共成长”活动①

在初步整理“东篱园”后，学生们在班主任的指导下，根据当地气候、水源特点和季节性天气，选择了一些合适的蔬菜进行种植。再由班主任邀请有经验的家长进行操作示范，邀请高校教授来到现场指导，在介绍流程和操作示范后，引导学生分小组进行劳动实践。在少先队活动中，在劳动教育和环境教育课上，按照一开始制订的计划分工，有条不紊地进行。在休息时间，学生们经常去农业园给美丽的植物浇水和施肥。在日复一日的施肥浇水与记录的过程中感受劳动实践、体验劳动的乐趣。不仅如此，班级还制定了各小组劳动任务卡。（如下表 5-6）劳动任务卡共分为四张、每一个劳动小组根据劳动任务各自领一张劳动任务卡，根据劳动任务所需要的劳动时间、劳动工具，完成

---

① 刘丽琴. 劳动教育在小学高段语文教学中的渗透研究［D］. 赣州：赣南师范大学，2024.

劳动目标。此外，还有相关的劳动技巧及安全知识。同时，为了评价学生在劳动任务时的表现，还针对性地设计了劳动任务评价表。评价表的制定共分为三个维度，分别是评价类别、评价标准、评价等级。（见表 5-7）每一张评价表分别与小组的任务相对应。每一个小组总有三张评价表，最终通过学生自评、生生互评、教师评价综合评定，最终计算的总分记录学生的成长档案袋中。班级针对植物生长还制定了植物观察日记，以待学生能细心呵护并提高他们的观察能力及写作能力。（见图 5-1）

表 5-6 东篱园小组劳动任务卡

第______小组劳动任务卡	
劳动任务	松土
劳动时间	15 分钟
劳动目标	（1）将农作物种植区域的泥土翻新、翻松 （2）在劳动的过程中，正确使用劳动工具，避免用锄头或其他工具伤害正常种植的中草药的根株 （3）保持劳动区域的清洁度，不将泥土挥洒到种植区域外
劳动工具	小锄头 2 把，劳动手套 6 对
劳动技巧与安全知识	（1）锄头安全使用技巧： 一手在前一手在后，前手锄柄 2/3 处，后手在锄柄 1/3 处；挥锄往左不往中，切忌空挥失平衡；看看周围再挥锄，安全第一我能行 （2）松土过程注意戴好劳动手套，避免刺伤，劳动完及时用洗手液清洗双手
劳动分工	（1）小组长（记录员） （2）组员

表 5-7 东篱园劳动小组劳动评价表

第______小组劳动评价表		
评价类别	评价标准	评价等级
劳动技能	(1) 掌握耕种的常规流程和技巧 (2) 能正确使用劳动工具 (3) 劳动工具摆放整齐、能保持劳动区域的干净	A. 能正确使用工具，熟练完成劳动实践。□ B. 基本能使用工具，初步完成劳动实践。□ C. 未正确使用工具，无法完成劳动实践。□
参与合作	(1) 劳动态度积极 (2) 善于聆听和沟通 (3) 服从安排，能分工合作，配合完成任务，活动过程安全有序	A. 组员态度积极、小组团结和谐。□ B. 组员态度良好，小组合作良好。□ C. 组员态度一般，小组合作效果普通。□
安全意识	活动过程安全有序	A. 组员安全意识强，过程无人受伤。□ B. 组员安全意识良好，过程有些意外。□ C. 组员安全意识仍待加强。□
劳动成果	劳动目标完成，达成教师分配的任务	A. 劳动任务完成，效果优秀。□ B. 劳动任务基本完成，效果良好。□ C. 劳动任务还未完成，效果一般。□

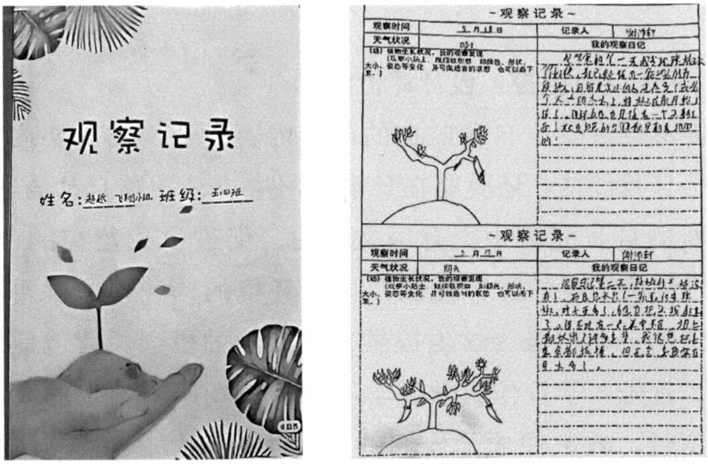

图 5-1 学生制作的植物观察记录

最终，经过持续几月余的进展，学生们的菜园子陆续收获到了果实。孩子们观察节气、季节变化、气候和天气，并照顾菜园里的“宝宝”。孩子们可以同时“犁地”和“读书”，用他们的知识来辅助犁地，通过犁地收获知识。在体验中热爱，学生们在热爱中提升，一步一步理解生态系统中人与自然的和谐关系，构建人与自然和谐共生。每一个瞬间的点滴正逐步汇聚，形成了学校乃至全区特色的校本教育网络。

通过设计劳动任务卡和劳动任务评价表，学生在“与植物共成长”活动中得以促进自我监控。这种设计不仅使学生在实践中有条不紊地进行劳动，还能通过自评、生生互评和教师评价来及时反馈和调整自己的表现。此外，植物观察日记的制定也为学生提供了一个监控自身观察和写作能力的机会。通过记录植物的生长变化，学生们不仅培养了自己的观察能力，也提高了写作能力。这种以学生为主体，多样化的评价方式，有助于激发学生的自我意识和主动性，促进他们在活动中的全面发展。

二、实施策略

（一）促进自我监控，设计评价内容

设计能够促进学生自我监控的评价内容是评价的重要内容，学生不仅要学会自我评估，还要能在日常学习中主动调整自己的学习策略，从而在不断的自我完善中提升语文能力。促进自我监控的评价设计，就是要重视评价工具的多样性以及评价环境的构建，这就要求教师在日常教学活动中，积极为学生提供自我评价的机会，营造良好的自我监控氛围。首先，学校作为学生学习的主要场所，学生的大部分时间都在学校度过，教室便成了他们的主要学习环境。在这样的环境下，“每日一字，积累成才”“自评自修，日渐进步”等励志标语的张贴可

以时刻提醒学生关注自身的学习进展；同时，教室内可以设立专门的学习成果展示区，让学生定期展示自评的成果，这不仅让学生看到自己的进步，也激励他们不断追求更好的自我。其次，家庭教育对孩子的成长影响深远。在数字媒体日益普及的今天，孩子们容易被电子设备吸引，忽略了阅读和书写的重要性。因此，教师需要加强与家长的沟通，通过家长会、电子邮件等方式，强调家庭在评价过程中的作用，引导家长支持孩子的自我评价活动。比如，可以共同制定一个家庭学习任务清单，包括阅读、书写等，家长与孩子共同完成后进行自评，这样的活动不仅促进了家庭成员间的互动，也帮助孩子在家庭环境中建立自我监控的习惯。

（二）整合反馈机制，优化学习路径

整合有效的反馈机制不仅重视评价本身，而且强调评价结果与学生实际学习情况的紧密联系，使评价能够真正指导学习，改进教学。与传统的评价方法相比，这种做法更注重于将评价反馈与学生的日常学习体验和实际需要相结合，从而使学生能够将课堂上的学习成果有效地转化为解决实际问题的能力。首先，教师需要构建一个持续的反馈系统，这一系统不仅反映学生的学习成果，更为学生提供实时的、具体的改进建议。这种反馈机制可以包括口头评论、书面评语，以及互动式的电子反馈等多种形式。例如，学生在进行一个语文项目后，教师可以即时提供反馈，指出学生在语言运用、文本理解及创意表达等方面的优点与不足。通过这种及时且具体地反馈，学生可以立即了解到自己在学习过程中的进展和存在的问题。其次，评价反馈应当与学生的实际生活紧密连接。在日常的语文学习中，教师可以鼓励学生将学习内容与自己的生活经验相联系，如在学习古诗文后让学生尝试将诗中描绘的情感或景象与个人经历联系起来，并表达自己的感受。这种联系实际的学习方式不仅能够增强学生的学习兴趣，还能促进他们的综合表达能力。此外，评价过程应强调真实的情感表达和个性化的学习体验。通过“体验—反思—表达”的学习循环，鼓励学生以自己的语言表达对生活的感悟和学习的理解，这样的评价方式能够引导学生从单纯追求分数向关注深度学习和个性化表达转变。

部编本二年级下册第五单元①

一、单元说明

本单元围绕“办法”这个主题编排了《寓言二则》《画杨桃》《小马过河》3篇课文。有古代寓言故事、有现代学生生活故事，有童话故事；有人物，也有动物，每个故事都寄寓了深刻的道理。故事丰富的人文内涵可以引发学生多角度地思考，使他们获得丰富的启示。

二、单元整体教学要点

本单元的学习重点是“根据课文内容，谈谈简单看法”。能对文本内容进行意义重构，有自己的认识，是一个人阅读素养的基本体现，也是读者能从文本中获得熏陶和启迪的基本保证。本单元3篇课文中的人物和角色，在看待事物、解决问题时，有的对，有的错；有的先糊涂后清醒，有的先迷惑后醒悟，学生读后应该有不同的认识和看法。本单元引导学生从故事的不同侧面谈看法，或联系实际，谈生活中类似于寓言中的事例，明辨是非，加深理解，避免犯类似的错误；或从故事的不同侧面发散思考，获得不同感受。“根据课文内容，简单谈谈看法”是继二年级上册“读课文，能说出自己的感受和想法”的延伸和发展，体现了语文能力训练的梯度发展。

本单元人物对话较多，朗读指导的重点是引导学生读好对话的语气。这不仅有助于学生更好地理解人物的思想感情，加深对人物形象的感受，也为后面“有感情地朗读课文”奠定基础。

---

① 曾麟. 新课标下小学低段语文预学单的设计及运用［D］. 重庆：西南大学，2023.

三、单元课时安排

本单元共 3 篇课文，每篇课文安排 3 个课时，共计 9 个课时完成课文讲解。在每篇课文预学时，安排 1 张课前预学单，共 3 张预学单。

四、单元预学单设计

1.《寓言二则》预学单设计

表 5-8　《寓言二则》预学单设计表

12.《寓言二则》预学单		
夯实基础 （5 分钟）	（1）我能正确流利朗读课文（2 分钟） （2）想知道“亡羊补牢”的意思，可以查字典，先查大写字母（　　），再查音节（　　）。“亡”在“亡羊补牢”中的意思是（　　　　　　　　）（3 分钟）	评价标准：正确流利朗读课文，正确查找字典
整体感知 （6 分钟）	读课文，选一选（填序号），补全思维导图，并说说你的感悟（6 分钟） （1）①补好羊圈；②再次丢羊；③羊圈破了 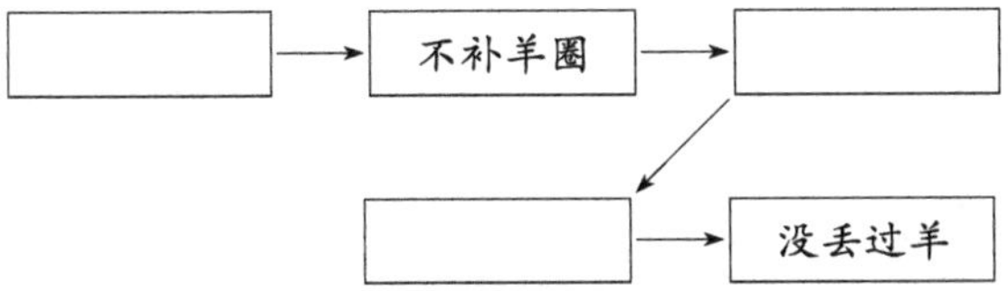 （2）①拔高禾苗，帮禾苗长大；②巴望禾苗长得快些；③禾苗都枯死 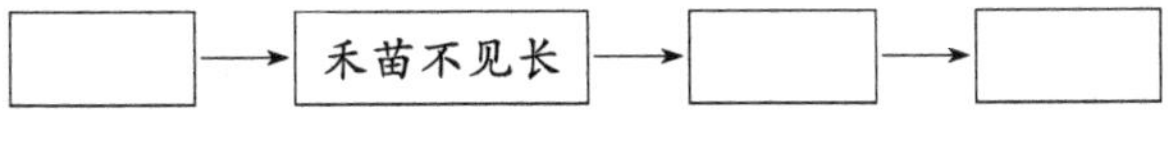	书写态度认真、根据课文内容正确填空、能简单说说自己的感悟
书海顿悟 （10 分钟）	搜一搜《中国寓言故事》，我还读了寓言故事（　　　　）（　　　　）和（　　　　），我从中感受到了“寓言”的特点。（寓言是用比喻性的故事来寄托意味深长的道理，给人以启示的文学体裁）	能在大量阅读中感受寓言的特点，激发自主阅读探究的积极性

2.《画杨桃》预学单设计

表 5-9 《画杨桃》预学单设计表

13.《画杨桃》预学单		
熟读课文 （3 分钟）	（1）我能大声朗读课文，用浪纹线画出这篇课文告诉我们的道理（画☆）（3 分钟） 正确（ ）、流利（ ）、高兴的心情（ ）	评价标准： “正确”画一颗☆，“流利”画一颗☆，“高兴的语气”画一颗☆，能画出文中的道理。
夯实基础 （6 分钟）	（1）我会认真书写课文后田字格内的生字（1 分钟） （2）我能用找近义词的方法理解下列词语的意思（5 分钟） 教诲：__________ 半晌：__________ 审视：__________ 和颜悦色：__________	书写顺序正确、态度认真、填出正确的近义词解释词语
内容感知 （7 分钟）	（1）本文写了图画课上练习（ ）。“我”根据自己看到的，把杨桃画成（ ）的样子，同学们觉得好笑。但是老师却和颜悦色地说：“（ ）不同，杨桃的样子也就（ ）。当我们看见别人把杨桃画成五角星的时候，不要忙着发笑，要看看人家是从（ ）看的。” （2）找到新鲜的杨桃，试着从不角度观察杨桃的形状，试试看从哪个角度看会看到五角星的形状	能根据课文内容填空，从不同角度观察杨桃，感知文章内容

3.《小马过河》预学单设计

表 5-10　《小马过河》预学单设计表

14.《小马过河》预学单		
熟读课文（3 分钟）	我能大声朗读课文，用浪纹线画出这篇课文告诉我们的道理（画☆）（3 分钟） 正确（　　）、流利（　　）、高兴的心情（　　）	评价标准： “正确”画一颗☆，“流利”画一颗☆，“高兴的语气”画一颗☆，能画出文中的道理
夯实基础（2 分钟）	我会认真书写课文后田字格内的生字（2 分钟）	书写顺序正确、态度认真
内容感知（7 分钟）	（1）问一问身边的人，老牛、小马、松鼠的身高大约是多少 （2）想一想，说一说：为什么老牛和小松鼠说的河水深浅不一样 ＿＿＿＿＿＿＿＿＿＿＿＿＿＿＿＿	从实际情况出发，感知文章内容

五、单元预学单设计策略说明

坚持教育目标导向：坚持积累学生的语文基础知识，培养学生的语文学习兴趣。在设计预学单板块时，“熟读课文”和“夯实基础”都是从课文内容出发，掌握每课的会写字。对于低段学生，生字词基础是教学的重中之重，因此很多教师都会在预学前安排大量重复、机械的生字词朗读、书写等训练。从笔者的教学经历以及调查结果来看，大量重复机械的基础练习会非常影响学生的学习兴趣，如果能将生字词基础分散到熟读课文的任务中，也能达到预学的目的。

与学生认知水平相匹配：根据年龄段设置合适的题材和难度，培养学生多方面的思维能力。在设置预学任务时，既要围绕人文主题，又要把握语文素养。比如解释词语、梳理文章内容就是非常重要的语文素养。二年级暂时没有对两个能力点进行明确要求，但是可以为达成这两个能力点要求提前搭好“桥梁”，降低难度，做好铺垫。

设计多元预学方法：结合听、说、读、写画等不同手段，利用多种教学资源平台。在设置《寓言二则》预学任务时，安排了思维导图进行课文结构梳理，是梳理课文内容的新形式。这一课还加入了课外搜集阅读寓言故事的任务，给学生点明积累方向，在阅读中自主感悟寓言的特点。和以往常规预学不同，《画杨桃》中设计了学生用实物杨桃探索课文内容，从实践出发感知课文内容。

注重选材与题型设计：根据课程标准确定知识点，结合学生实际情况设置。本单元预学单都是在紧紧围绕课程标准指导进行的预学单设计编订。

调整组织形式与布局设计：进行清晰简洁的排版与图文搭配，考虑学生的阅读习惯。整个单元的预学单都是以表格的形式呈现，左边第一列是板块名字以及这一板块大约完成时间，中间一列是具体的预学任务以及各项参考完成时间，最右列是预学完成的评价反馈标准。通过这简洁明了的设计，清晰规划各项完成的时间，控制在 20—30 分钟完成。

构建实践效果评估体系：注重学生的学习动机与表现，教师及时反馈与评价。预学单最右列是预学评价反馈体系，明确列出各项任务的评价反馈标准，有助于教师、家长及时反馈学生预学情况，并为课中共学提供学情基础的有效分析。

（三）发展评价多样性，拓展学习视角

推行发展评价多样性，拓展学习视角的实施策略，是对教学与评价整合的深化。这一策略强调利用多元化的评价工具和方法，以实现评价内容的广泛覆盖和学习视角的多角度拓展。传统的评价体系通常

依赖于笔试和闭卷考试，这种方式往往限制了评价的广度和深度，难以全面反映学生的语文综合能力。此外，这种单一的评价模式不利于激发学生的学习兴趣和创造力，学生可能仅仅关注于应试，而忽略了语文学习的实际应用和深入思考。其次，评价方法的单一化也导致了学习视角的局限。在传统教学评价中，教师往往采用统一的标准答案来评判学生的表现，这种做法不仅忽视了学生个体差异，也限制了学生从不同角度和思维层面探索知识的可能性。由于缺乏创新性和开放性的评价方式，学生的批判性思维和问题解决能力的培养也难以得到有效支持。并且，评价的及时性和反馈的有效性常常受到挑战。在忙碌的教学日程中，教师可能难以为每位学生提供实时且个性化的反馈。这种滞后或泛泛的反馈很难帮助学生及时了解自己的学习状况和需要改进的地方，从而影响了评价的教育意义和实际效用。因此，发展评价多样性和拓展学习视角的实施策略，不仅能够提升小学语文的教学效果，也能促进学生全面、多维的能力发展，这对于培养学生的综合素质有着重要意义。

在小学语文教学评价内容设计中，实施发展评价多样性与拓展学习视角的策略关键在于多维度的实践操作。首先，应当构建包含自评、互评与教师评价的综合评价体系。这样的体系鼓励学生从个人与他人的视角审视自己的学习，增加评价的角度和深度。接着，应用项目化学习方法促使学生在实际语文应用中进行自我检测与反思。通过设计具体的语文项目，如剧本创作、故事复述等，不仅可以检验学生的语文实际运用能力，还能激发他们的创造性思维与合作精神，从而实现评价的功能性与趣味性的结合。此外，加强评价的反馈及时性与建设性。教师需要利用电子媒体、即时反馈系统等现代技术手段，确保学生能够在最短时间内获得反馈，及时调整学习策略。同时，反馈内容应具体，有建设性，明确指出学生的优点和待改进的地方，提供具体的改进建议，帮助学生持续进步。最后，定期修订和优化评价标准与方法。教师应根据学生的学习反馈和教学效果，不断调整评价的内容和方式，使之更贴合学生的学习需要和教学目标。此外，通过定期的教师培训和研讨会，提高教师的评价能力和教学方法的现代化，以更有效地支持评价体系的执行和优化。

三、实施方法

（一）多元化评价内容的开发

新课标提倡开发多元化评价内容。这一策略的核心在于通过拓宽评价工具和方式，增强学生在学习过程中的参与感和自主性。评价是语文教学的重要环节，积极参与是学生语文能力提升的起点，但是在传统的评价体系中，教师往往倾向于使用统一的评价标准，如定期的笔试或口试，而没有引导学生理解“为什么要进行这样的评价”和“如何通过评价提高自身能力”。当学生面对多样的文本和语言情境时，缺乏教师的具体指导，便可能不知道如何根据评价标准进行自我修正，评价的质量和效果也会大打折扣。此外，学生习惯于完成教师布置的评价任务，如被动完成作业，缺乏主动探索评价标准背后的学习目的和提升路径；对于评价，部分学生甚至可能将其视为例行公事，对主动参与评价的兴趣不高。布鲁姆的教学评价法配合图式理论的三个教学阶段改变了传统听力教学教师为主体的课堂模式，让学生成为话题构建与理解的参与者和设计者，形成学生为主体的课堂学习氛围。① 因此，在多元化评价内容的开发中，强调学生在评价活动中的主体性和积极性，使学生成为评价的主体，引导他们主动参与评价活动，充分尊重和支持学生，提升他们对评价的兴趣，让学生体验到参与评价带

---

① 马迅. 新文科背景下应用型高校外语专业“图式理论”教学改革与实践的策略——以《德语视听说》课程为例 [J]. 黑河学院学报，2024，15 (3)：116-118+129.

来的成就感和乐趣。当然，强调学生的主动参与，并不意味着教师在评价过程中完全撤离。评价的价值取向是引导整个教育评价活动前进的风向标，荀振芳提出："评价活动的根本目的，在于对评价对象做出合乎目的、合乎逻辑、合乎理性的价值判断。"① 小学生当前的认知和情感发展水平决定了他们在积极参与评价的过程中仍需要教师的引导和支持。教师作为评价活动的组织者和引导者，在引入多元化评价内容时，不仅要鼓励和激励学生广泛参与，更要为学生的评价活动提供策略支持，监控评价过程并提供适时反馈，提高学生的评价参与能力和效果。

基于"一帆书法"软件的小学语文写字教学②

基于"一帆书法"的小学语文写字教学评价的环节设计包括过程性评价和总结性评价。以教师、学生为主体进行评价，评价方式多样多元。

一、评价主体教师评价

教师在评价时，要科学地、理性地、客观地去评价，揭示出课堂教学的"哪里好？哪里不好？为什么？"。此外，要巧妙多元评价，如运用符号评价，在学生的作业反馈中运用批改符号进行巧妙激励，使用师生共同约定的符号做出评价，促进学生书写。整字粗评，从整体书写上及时表扬和纠正圈红，关注学生在写字活动中的变化，引导学生关注整个字的结构，及时进行整字粗评，给予学生鼓励。延时评价，对学生的书写波动长期性的关注，及时鼓励与引导。

学生自评：书法教学的主要目的是普遍提高学生的书写水平，因

① 张志晟. 新时代大学生心理健康教育评价研究［D］. 锦州：辽宁工业大学，2020.

② 韩乐乐. 基于"一帆书法"软件的小学语文写字教学设计与实践［D］. 上海：华东师范大学，2023.

此，对学生学习的评价不应该过于苛刻，应以激励为主。要重视学生对书写的兴趣，如教师在指导学生自评作业时，引导学生在自己的日常练习、阶段练习中的学习成果进行对比评价；出示评价标准评价书写；展示书写榜样对比评价等。

学生互评：学生之间的互相评价是为了调动全体学生参与到评价之中，共同进行展示作业、评价优缺点，介绍写字经验并示范等。通过学生之间的互相评价真实反映了自身对知识与技能的掌握程度。

二、评价方式

过程性评价主要包括每节课学生的书写姿势的保持情况和每节课学生的书写兴趣变化。

总结性评价包括客观的书写质量测查成绩和主观的问卷调查，主要包括学生对于书写的笔画笔顺、间架结构掌握情况以及书写整洁度的评价。

三、评价内容

“一帆书法”辅助写字教学设计内容主要包括书写姿势、握笔姿势、笔画笔顺、间架结构、整洁度、兴趣，具体评价标准见附录C写字质量评价维度表。

附录C　写字质量评价价维度表

维度	子系统	评价标准	掌握等级
坐姿	(1) 头部位置 (2) 眼笔的距离 (3) 躯干 (4) 上肢 (5) 双腿与双脚	(1) 头部落笔点的正上方（1分） (2) 眼睛距笔尖约一尺（1分） (3) 上身可以适当前倾，脊柱垂直于桌面（1分） (4) 双肩平行于桌面，胸距书桌一拳远（1分） (5) 大腿平行于地面，两脚分开与肩同宽（1分）	1分 2分 3分 4分 5分

续表

维度	子系统	评价标准	掌握等级
握笔姿势	（1）握笔手型 （2）指尖距离 （3）指尖与笔尖 （4）笔尖与纸面 （5）运笔方向	（1）用拇指食指第一关节指腹前1/2和中指第一关节的侧面夹持握笔，掌心虚空（1分） （2）拇指、食指微分离、略弯曲（1分） （3）笔尖距指约一寸（1分） （4）笔与纸向身体倾斜60度（1分） （5）从左向右平行移动（1分）	1分 2分 3分 4分 5分
笔顺笔画	（1）笔画正确 （2）笔顺规范	（1）书写准确（1分），横平竖直，撇、捺、折、钩清晰、正确（2分）。 （2）笔顺准确，书写遵循先横后竖、先撇后捺，从左到右、从上到下，先中间再两边、由外自里，最后收口（2分）	1分 2分 3分 4分 5分
间架结构	（1）结构准确 （2）字根正确 （3）间距匀称 （4）重心平稳 （5）字格运用	（1）结构书写准确、规范（1分） （2）没有增减或不规则的笔画介入（1分） （3）紧凑，收放自如（1分） （4）重心落在中心线上（1分） （5）要以田字格的中点为轴，上下左右对称（1分）	1分 2分 3分 4分 5分
整洁度	（1）错字、涂抹 （2）书写整齐	（1）错别字、涂抹在整篇作业中应少于5个（2分） （2）书写美观，字与字间隔匀称，行款整齐（2分） （3）保持本面整洁，字迹清晰，在相应位置答题且布局合理（1分）	1分 2分 3分 4分 5分
书写兴趣	（1）课堂表现 （2）书写的态度	（1）对书写有浓厚兴趣，积极参与课堂，跟进联系，主动参与（2分） （2）书写积极，进步明显，乐于书写（3分）	1分 2分 3分 4分 5分

（二）评价过程的互动性设计

在小学语文教学评价的设计中，教师应重视评价过程的互动性设计，以促进学生的主动参与，实现“以评促学”和“评学结合”的教学目标。在构建评价过程时，教师需要引导学生积极参与评价活动，多练习，使评价自然融入语文学习过程中。由于不同年级的学生在认知和情感发展阶段各不相同，评价的侧重点也应相应区别。例如，低年级的学生可以更多地参与听说互动评价，中年级的学生可以加强阅读理解及应用写作的评价，而高年级的学生则需要在综合性和创造性思维的层面上进行评价。针对同年级内学生之间的发展差异，教师在设计评价时应避免采用“一刀切”的方法，根据每个学生的具体情况制定个性化的评价方案。这一方案应从简单到复杂，逐步引导学生深入参与到评价过程中。在评价策略方面，研究表明，学生的学习成果往往源于对教师或同伴的模仿与互动，然后通过个人理解进行内化。因此，在互动性评价的设计中应通过学生之间的互评、小组讨论及教师的即时反馈，促使学生在模仿和比较中提升。教师在实施评价时，应利用教学内容而非教材本身的固定标准。这意味着教师应根据学生的实际作品和表现来进行评价，提供一个更灵活、更适应个体学生需要的评价框架。在此基础上，教师可以逐步增加评价的难度，从基础的评价训练逐步提升至更高层次的创造性评价。对于具有较强感性色彩的语文活动，如文学欣赏或诗歌创作，更适合采用基于学生与教师的互动讨论和个人感悟分享的评价方法。通过这种互动性评价，学生可以结合个人的情感体验和生活经历，进行创意性评价，这不仅丰富了学生的学习体验，也为他们的语文能力提升打下了坚实的基础。

小学语文高年级记叙文习作教学[①]

一、评价主体多元化

在开展支架式教学模式下，在统编版六年级下册第三单元记叙文习作《让真情自然流露》的行动研究过程之习作讲评课中，本研究发现并总结学生在本次习作中存在的问题：偶然或故意捏造内容、不明确叙述过程以及片面表达。笔者提供给学生一张习作修改评价表，帮助学生发现并解决问题（如表5-11），首先让学生利用习作修改评价表上的提示找出习作存在的问题，小组讨论隐藏很深的难题并在组内提出修改意见。本研究以学生为本，尊重学生的主体地位，充分发挥小组的作用，采取多元互动的评价方式，有效提高了学生的习作水平。

表5-11　习作修改评价表

评价标准	自我评价	学生互评	师生评价
是否将印象深刻的内容写具体			
是否有情感变化			

二、评价内容丰富化

在统编版六年级下册第一单元记叙文习作《家乡的习俗》的行动研究过程中，笔者就本次习作教学提前给学生布置查阅有关家乡习俗资料的作业，为习作主题《家乡的习俗》做前期准备。笔者充分肯定了学生的准备情况，并鼓励学生重新组织整合获得的信息，大多数学生都能将收集到的信息应用到习作中。然而，笔者在习作批阅中发现，许多学生不能灵活运用资料，因此，教师既要赞赏学生认真收集资料的态度，又要建议学生以合适的方式应用整理，这样不但可以保护学

① 吴江. 支架式教学模式在小学语文高年级记叙文习作教学中的应用研究［D］. 呼和浩特：内蒙古师范大学，2024.

生的积极性，而且还可以为学生今后提高习作效果提出改进建议。

三、评价用语多样化

在批阅统编版五年级上册第一单元记叙文习作《我的心爱之物》时，面对优秀的习作，笔者在评价时考虑到了学生的个性、能力和态度，进行有针对性的评价，并展示了激励性评价在鼓励学生对习作持积极态度的有效性。评价用语如“本文构思巧妙，善于抓住心爱之物的动作、神情等方面进行细腻刻画，别出心裁，很有感染力”“开篇如题，结尾点题，起承转合，行文流畅，主题鲜明”。面对具有些许瑕疵的作文，评价用语为：“你的作文脉络清晰，结构安排合理，老师很欣赏，如果描写可以更细致一些，多用修辞手法，作文会更加出彩，尝试尝试吧！看好你！”“本文生动详细地描写了你与心爱之物的相处过程，如果能够有意识地点题，注重作文的开头和结尾，作文会更上一层楼！”在习作教学中，教师将多元化、多样化评价与对学生的激励融为一体，增加学生对习作的自信心，使学生进一步感受到习作得到认可的快乐。

（有删减）

（三）利用技术工具进行评价

利用现代教育技术开展课堂教学活动和学习评价，比如利用慕课、“雨课堂”自主测评等平台资源进行混合式学习，扩展学生的学习空间。[①] 教育评价对教育发展方向有重要的指挥作用，有什么样的评价指挥棒，就有什么样的办学导向。[②] 在这种环境下，引入现代教育技术重塑了传统的评价模式，更加强调评价过程中学生的主体地位，并将教

---

① 韩煦．“新文科”理念下小学英语教学论课程教学创新策略探究——以宁夏大学小学教育专业为例［J］．宁夏教育，2024（3）：51-53.

② 马婷婷，李双龙．新时代劳动教育高质量发展的内涵、价值意蕴和路径［J］．黑龙江教师发展学院学报，2024，43（5）：16-21.

师的角色转变为组织者和引导者。在传统的语文教学评价中，评价活动常由教师主导，学生习惯于被动接受评价结果。然而，技术工具的应用使得学生可以更积极地参与到评价过程中，通过自我评价和同伴评价来实现对自己学习的监控和反思。多元化主体的评价能够保证结果具有客观性与公平性，并且还可以赋予学生更多的评价权利，让他们能够受到积极情绪的影响与感染，主动投身于课程活动，提升学习效果。[①] 这一点在技术支持的评价中得到了很好体现。通过在线评价系统和学习管理系统（LMS）等技术工具，学生可以在教师的引导下参与到自我评价和同伴评价中，这不仅为他们提供了实时反馈，也促进了他们的自我管理能力的发展。此外，这些平台还支持教师进行更精确的学生学习情况跟踪和评价，便于根据数据反馈调整教学策略和评价标准。同伴间的互评和小组协作在技术辅助下的教学评价中也显示出其重要作用。通过设立在线论坛和互评系统，学生的作业可以在小组内部广泛共享，进行相互批改和讨论。这种方式不仅加强了集体评价的效果，也让学生在互动中学习到他人的长处，增强了学生间的学习动机和成就感。

第三节　小学语文教学评价内容设计的总结反思

《义务教育语文课程标准（2022 年版）》的核心要求，注重将评价活动与学生的日常学习紧密结合，重视评价在促进学生语言技能、知识掌握、思维能力及情感态度方面的多维作用。这种策略旨在打破传统评价与教学活动的割裂，强调评价的整体性和连续性，为教师提供具体的操作指导，致力于引导学生形成积极的学习习惯，全面提升其

---

① 林婧. 核心素养下小学数学课堂评价有效性分析［J］. 试题与研究，2023（27）：94-96.

语文综合能力。但实际执行过程中仍面临诸多挑战：一方面，部分教师在实际操作中可能过分依赖传统的评价方法，缺乏对新型评价策略的深入理解和应用能力，这在一定程度上限制了评价策略的效果发挥；另一方面，一些教师在尝试应用综合评价模式时，可能会感到困惑，不确信如何将理论有效融入具体教学中，从而可能造成评价与教学的脱节。面对这些实际问题，我们认识到需要进一步加强对教师的培训和支持，确保他们不仅深刻理解评价的多维作用，还能熟练将其应用于日常教学之中。

一、紧密结合教学内容和评价活动

在小学语文教学评价内容的设计中，紧密结合教学内容和评价活动尤为关键，有助于形成一个连贯、互补的教学与评价体系。正如叶圣陶先生所言："语文教材无非是个例子，凭这个例子要使学生能够举一反三，练成语言和思维的熟练技能。"经验丰富的教师通常能够将语文教学内容与评价活动进行有效整合，确保评价不仅仅停留在知识的传递上，更拓展至应用与创新的层面。然而，在现实的教学评价实践中，很多教师的教学与评价仍然是两条相对独立的轨迹，这种分离导致了教学评价的一些误区。一方面，教师可能过于强调评价的知识性，轻视了评价对学生创造性思维和写作技能的培养，从而使得评价的设计表面化。在日常的语文教学评价中，虽然重视对生字、词汇、文本理解的评价，但往往忽略了对学生如何在实际情境中运用这些知识的评价。另一方面，一些教师在设计评价内容时，可能过于注重"为了应试而评价"的倾向，这不仅降低了学生的学习动机，也可能使学生将学习视为一种负担。这种应试导向的评价方式，通常会导致教师在评价时过分强调考试技巧的训练，而忽视了评价在激发学生兴趣和创新能力中的作用。教师往往根据考试的需求来选择评价的内容和方式，而不是根据学生的实际学习需要和生活经验。在反思这些实际问题的基础上，我们意识到教师在设计评价时必须更加关注与教学内容的有机结合，挖掘和利用教材中的每一个机会来促进学生的全面发展。教学评价的设计应更多地从学生的实际出发，探索评价活动中的创新点，以及如何通过评价活动促使学生将学到的知识转化为实际能力。这种评价不仅反映学生的学习结果，更重要的是引导学生的学习过程，促进其主动探索和创造性思考，从而实现教学与评价的深度融合。

在小学语文教学评价内容设计中，评价时分析，教学时应用，二者应相辅相成。教师需要认真研究和发掘语文教学与评价活动的结合点，将教学内容与评价活动紧密整合，使教与评两者不仅相互独立，而且相互促进，实现“教中有评”“评中有教”，激发学生的内在学习动机。通过这种方式，学生不仅能够掌握语文知识和技能，还能在实际使用中得到反馈和提升，培养学生的批判性和创造性思维。以下基于小学语文的具体教学内容和评价策略，为教师们在日常教学中找准教学内容与评价活动的结合点提供案例参考。

部编版一年级上册第四单元①

一、单元说明

本单元围绕“自然”主题编排了《秋天》《小小的船》《江南》《四季》四篇课文。这些课文题材丰富，体裁各异，有散文、儿童诗、古诗和儿歌。课文语言简洁明快、亲切自然，能唤起学生对四季的感受，激发学生对大自然的喜爱之情。

二、单元预学单设计

（1）《秋天》预学单设计

---

① 曾麟. 新课标下小学低段语文预学单的设计及运用［D］. 重庆：西南大学，2023.

表 5-12 《秋天》预学单设计表

1.《秋天》预学单		
小小朗读者（4 分钟）	（1）这篇课文，我已经读了三遍，已经能读得，我给自己画☆（3 分钟） 正确（ ）、流利（ ） （2）我在班级群中分享了我的朗读视频（1 分钟）	评价标准： （1）“正确”画一颗☆，“流利”画一颗☆ （2）主动积极分享朗读视频 3—5 句
小小书写者（2 分钟）	（1）我能跟着课文后田字格上的笔顺认真书生字（1 分钟） （2）我会照样子正确书写生字笔顺（1 分钟） 了（乛 了）：________	书写顺序正确、工整美观、态度认真
小小搜集员（3 分钟）	搜集秋天的照片分享在班级群内或者打印下来，试着用这样的词语进行表达（3 分钟） 一片片枫叶、一只只大雁 我能说出图上的一种景物，我给自己☆ 我能说出图上的两种景物，我给自己☆☆ 我能说出图上的三种景物，我给自己☆☆☆	能根据照片进行具体的举例说明，激发分享的积极性

（2）《小小的船》预学单设计

表 5-13 《小小的船》预学单设计表

2.《小小的船》预学单		
小小朗读者（1 分钟）	我能用快乐的心情读一遍这篇课文（画☆）（1 分钟） 正确（ ）、流利（ ）、高兴的心情（ ）	评价标准： “正确”画一颗☆，“流利”画一颗☆，“高兴的语气”画一颗☆

续表

小小书写者 （2 分钟）	（1）我能跟着课文后田字格上的笔顺认真书空生字。（1 分钟） （2）通过读课文，我会连一连（1 分钟） 小小的　　　月儿 弯弯的　　　船 蓝蓝的　　　星星 闪闪的　　　天	书写顺序正确、态度认真、根据课文内容正确连线
小小观察员 （7 分钟）	晴朗的夜空中，我看到了________；我还能把他们画下来（7 分钟） 我能说出夜空中的一种景物，我给自己☆ 我能说出夜空中的两种景物，我给自己☆☆ 我能说出夜空中的三种景物，我给自己☆☆☆	能观察夜空，进行具体的举例说明，激发分享的积极性

（3）《江南》预学单设计

表 5-14　《江南》预学单设计表

3.《江南》预学单		
小小朗读者 （1 分钟）	我能带着鱼儿在荷叶下面嬉戏时快乐的心情，读三遍这篇课文（画☆）（1 分钟） 正确（　　）、流利（　　）、高兴的心情（　　）	评价标准： “正确”画一颗☆，“流利”画一颗☆，“高兴的语气”画一颗☆

续表

小小书写者 （2分钟）	（1）我会认真书写课文后田字格内的生字（1分钟） （2）通过读课文，我知道了它们的反义词（1分钟） 东——（　　）　　南——（　　）	书写顺序正确、态度认真、根据课文内容正确填空
小小想象者 （7分钟）	读完了这首小诗，我想到了鱼儿正在荷叶下面开心地________； 我能说出鱼儿玩耍的一种方式，我给自己☆ 我能说出鱼儿玩耍的两种方式，我给自己☆ 我能说出鱼儿玩耍的三种方式，我给自己☆☆	能观察鱼儿玩耍，进行具体的举例说明，激发分享的积极性

（4）《四季》预学单设计

表 5-15　《四季》预学单设计表

4.《四季》预学单		
小小朗读者 （1分钟）	我已经读了三遍课文读三遍这篇课（画☆）（1分钟） 正确（　　）、流利（　　）	评价标准： “正确”画一颗☆， “流利”画一颗☆
小小书写者 （2分钟）	（1）我会认真书写课文后田字格内的生字（1分钟） （2）读了课文，我知道了四个季节的特点，我会连一连（1分钟） 春季　　雪花片片 夏季　　草芽尖尖 秋季　　荷叶圆圆 冬季　　谷穗弯弯	书写顺序正确、态度认真、根据课文内容正确连线

续表

小小想象者 （7 分钟）	读完了这首小诗，我最喜欢的季节是（　　），我能画一画这个季节的特点，并且录制视频给大家介绍“我画的季节”（7 分钟） 能说出自己喜欢的季节，我给自己☆ 能画出季节的特点，我给自己☆☆ 能用几句话介绍清楚季节的特点，我给自己☆☆☆	能够准确表达自己喜欢的季节的特点，激发分享的积极性

二、提升教师的评价意识和实施能力

在实际的教学评价活动中，如果教师不能深入解读新课程标准的要求、加深对教学评价一体化理念的理解、实现教学内容与评价标准的有效对接，那么教学评价的效果难以显现，学生的评价反馈利用以及个性化发展也将受到影响。因此，教师应及时认识到自身在评价实践中存在的问题，深化对教学评价一体化理念的理解并提高相应的实施能力，依托新的课程标准的指导，不断提升自身的专业能力，使用创新的评价方法来应对教育的新变革。这要求教师不仅要更新传统的评价观念，还需要在日常教学中实践新的评价策略。例如，通过多元化的评价工具和方法，教师可以更准确地评估学生的学习状况和进步，从而为学生提供更具针对性的学习建议和支持。同时，教师也应该利用课程标准中的指示，设计与教学目标相符合的评价活动，确保评价过程中能够充分考虑学生的多样性和个别差异。此外，教师在提升评价意识和能力的过程中，应持续参与专业培训和研讨会，以便及时了解教学评价领域的最新发展和研究成果。通过这些学习和交流活动，教师可以不断地反思和优化自己的评价策略，同时也能够从同行中获得支持和启发，增强实施新评价方法的信心和效果。

在实际的教学评价活动中，如果教师不能深入解读新课程标准的要求、加深对教学评价一体化理念的理解、实现教学内容与评价标准的有效对接，那么教学评价的效果难以显现，学生的评价反馈利用以及个性化发展也将受到影响。因此，教师应及时认识到自身在评价实践中存在的问题，深化对教学评价一体化理念的理解并提高相应的实施能力，依托新的课程标准的指导，不断提升自身的专业能力，使用创新的评价方法来应对教育的新变革。

三、平衡评价的主体性与方法多样性

传统的教学评价常常面临“教师为主体的评价后反馈给学生”这一单一评价主体的问题。因此，在推行教学评价一体化时，许多教师开始尝试转变，如引入学生自评、互评乃至网络互评等方式进行评价，以此实现评价主体的多元化。这种方式虽然摆脱了传统评价中的教师主观性弊端，并尊重了学生的主体地位，但传统评价中的另一弊端——只重视学生学习成果，忽视学习过程——仍未得到充分解决。华东师大的崔允漷教授提出要根据课程标准与学科核心素养培养目标确定课堂教学目标和相应的课堂教学测评目标，把学习目标的达成度嵌入教学过程中，并根据学生的学习表现测评并调整教学，促进学习目标的达成。① 实际上，教学评价一体化不仅要求评价主体的多元性，

---

① 杜明堂. 核心素养视域下高中思想政治课大单元整合性学习评价分析 [J]. 甘肃教育研究，2023 (12)：77-80.

例如家校社多方参与，还要求评价方式的多样性，比如将终结性评价与表现性评价结合使用。如何实施终结性评价与表现性评价，是提升教学评价效果的关键。

张鹤馨以山水诗教学为例，为教师在教学中平衡评价的主体性与方法多样性提供了具体的参考：情境作业可分为两种形式，一种是让小学生在真实的情境中设身处地地去完成，创作古诗或者是在多彩的生活中，有许多画面可以引入诗中，让小学生做一回小诗人，将自己体会到的生活中的某个场景为创作点来创作一首小诗。生活中的很多事物和景物都可以当作山水诗创作的灵感源泉，小学语文教师把这个作业设计成家庭作业，让小学生在寒暑假游玩之时有感而发，创作一些小诗，可以提高小学生的创造才能和观察能力。另一种是在试卷中为小学生假设情境，设计模拟的情境作业，让小学生在情境中感受室外的景色，再引入本单元的学习，举例哪首诗更符合现在的情境，以此为题来作答，会比联想上下句更能激发小学生的思考和想象力。学校平时的作业都围绕“情境”，让小学生在体味山水诗的同时理解和喜爱山水诗，并能引经据典，灵活运用。小学语文教师评价小学生给予反馈的目的，并不是甄别顶尖人才，而是促进小学生的全面发展，更好地激励和唤醒小学生。语文是小学各类学科中最重要的一门学科，因此，小学语文教师要站在学生自身发展的角度上来衡量、鼓励小学生的学习，在教学内容上，注重读、写、意相结合，防止死记硬背的模式出现，小学生机械化的学习不能体现丰富性、创造性和人文性的评价特点。①

① 张鹤馨. 情境教学法在小学语文古诗词教学中的应用研究［D］. 长春：长春师范大学，2022.

评价主体的多元性与方法的多样性紧密结合的原因在于，评价的深层价值不仅在于衡量和提高学生的学习成绩，更在于挖掘和促进每个学生个性化能力的发展。通过这样的评价内容设计，学生得以在评价中认识到自身的优势和不足，从而更加主动地构建自我学习的路径。首先，评价内容应该使学生感受到评价是一种成长的助力而非单纯的成绩衡量。通过将教师评价、同伴互评和自我评价等多种评价方式融入教学过程，学生能从不同的视角接收反馈，更全面地理解自己的学习过程。这样的评价方式有助于学生及时发现并针对性地解决学习中的问题，从而推动其语文综合能力的提升。其次，评价内容的设计应关注学生的全面发展。不仅要评价学生在语文知识、阅读理解和写作表达方面的表现，还要关注他们在将所学知识运用到实践中的能力。教师应根据评价标准，对学生的语文实践活动进行系统的观察和评价，检测他们是否能够将学习的语文知识应用到生活中，是否能在实践中展现出解决问题的能力，并在此基础上提供具体的反馈与指导。最后，评价内容设计还应注重激发学生的创新精神和实践应用能力。不应将评价局限于对知识掌握的检验，而应扩展到评价学生如何将语文学习与生活实践相结合的能力。在此过程中，学生的习作、讨论、表演等多样的语文活动应成为评价的重要内容，以此检测学生综合运用语文能力的水平。通过这样的评价，学生的创作不仅是学习成果的展现，更是个性和创新能力培养的舞台。因此，小学语文教学评价内容设计的目的在于构建一个既能够全面反映学生学习状态，又能促进学生个性化能力发展的评价体系。在评价时不仅关注结果，更要关注过程；不仅注重知识的传授，更注重能力的培育，从而真正实现评价内容的教育意义和实践价值。

“授人以渔，胜于授人以鱼”道出了教育的本质和评价的真谛。评价内容的设计不仅仅旨在检验学生的语文知识掌握和技能运用，更重要的是培养学生自我学习和终身学习的能力，鼓励他们在语文学习的海洋中自由地探索和捕鱼。因此，评价内容设计应当贯穿学生个性化学习的理念，尊重每个学生独特的学习路径和节奏。这意味着评价不应一成不变，而应有足够的灵活性，以适应不同学生的需求。在这个过程中，教师的角色是引导者和激励者，而不是单纯的评判者。通过多样化的评价方式，如自我评价、同伴评价和教师评价，学生的学习成果得到全面而公正的反映，同时也鼓励他们在学习中自我驱动、自我完善。教师在设计评价内容时，应秉承“以学生为本”的原则，关注评价对学生全人发展的促进作用。评价的内容和标准应与学生的生活经验和个人兴趣相协调，鼓励学生在阅读、写作、表达等多个方面尝试创新和突破，使得评价不仅是学习成果的检测，更是学生个性和潜力开发的催化剂。

第六章　评价方法：小学语文教学评价的科学选择

《义务教育语文课程标准（2022年版）》指出，教师应树立教、学、评一体化的意识，在课堂评价设计中细化目标内容，使评价贯穿教学过程，同时提供评价工具，关注衔接配合。① 小学语文教学评价方法，是一种在教育实践中不断优化教学过程和提高教学质量的重要手段。它根据学生的学习情况和需求，通过多样化的评价策略，不仅促进了学生学习能力的全面发展，还为教学提供了精准的反馈和调整依据。在这种教学评价模式下，学生能够在教师的引导和同伴的互助下，通过参与评价的过程体验和发现学习的多重价值，激发自我思考和创新的潜能。通过具体评价策略的实施，学生将在真实的学习情境中，面对自身的学习挑战和机遇时，能够有效地利用反馈进行自我调整和提升，实现知识的深度整合与个人能力的增强。小学语文教学评价方法的设计和实施，是建立在对学生个性和学习需求深入理解的基础上，注重培养学生主动学习的能力，鼓励学生以主体的角色积极参与到评价过程中来。在这一过程中，学生不仅仅是学习者，更是评价的参与者和受益者，他们在没有过多外界约束的自由环境中，通过自我表达和互动合作，显现出自己的学习特点和创造力，从而在持续的自我提

① 中华人民共和国教育部．义务教育语文课程标准（2022年版）[S]．北京：北京师范大学出版社，2022.

升和集体进步中逐步实现个人价值和全面发展。

第一节　小学语文教学评价方法运用的实施策略

在小学语文教学评价中，教师系统地设计并执行一系列多元化的评价方法，这些方法不仅促进了学生对语文知识的深入学习，还通过语言的表达和思维的锻炼，使学生体验到如何理解和塑造世界。这些教学评价方法强调学生的主动参与和学习过程的实践化，尤其是通过动手操作项目来验证学习成果，从而在实践中培养了学生的学习动力和乐趣，有助于学生的个人成长和知识的有效内化。在这个评价体系中，教师角色的转化至关重要，他们从传统的知识传递者转变为学习过程的引导者和协调者。通过精心设计的评价活动，教师不仅引导学生在实际操作中发现并解决问题，还帮助学生在学习过程中建立成就感和自信心。这种教学评价不仅培养了学生的语文素养，而且促进他们未来成为具有创新精神和高度社会责任感的公民，显著提高了教学的实效性，为学生的全面发展和未来的社会参与奠定了坚实的教育基础。

一、多元评价，全面发展

小学语文课堂教学多元评价，包括设计多元评价内容、制定多元评价标准、运用多元评价方法、设置多元评价主体、组织过程评价和终结性评价实施等要素。[①] 多元评价作为一种全方位反映学生学习成效的教学评价方法，是小学语文教育中不可或缺的一环。这种评价方式

---

① 赵秀峰. 论小学语文课堂教学多元评价育人价值与实现路径［J］. 现代教育，2022（7）：15-19.

强调从多个维度对学生的学习成果进行衡量和分析，不仅关注学生的最终学习成果，更注重学习过程中的各个阶段。通过形成性评价，教师可以实时调整教学策略，针对学生的具体需求提供即时反馈，从而帮助学生在学习过程中发现并解决问题。结果性评价则在学习周期结束时，通过系统的测试和评估，对学生的学习成效进行总结。此外，诊断性评价通过分析学生的学习障碍和困难，为教师提供了优化教学内容和路径的依据。这三种评价方法的有机结合，不仅能够全面反映学生的语文学习状况，还能激励学生发挥主体作用，积极参与学习过程，从而促进他们的综合语文能力和学习兴趣的提升。通过这种多元化的评价实践，学生能够在语文学习中获得更深层次的理解和体验，使学习过程变得更为丰富和高效。

多元评价在低段小学语文课堂中的实施策略①

一、耐心倾听，关注师生评价

在学习“语文园地五”的时候，教师提前制作了评价单：(1) 学习了“识字加油站”之后，你知道什么叫形近字吗？请举例说明。(能够说出3对例子以上的同学可以获得5颗星，能够说出两对例子的同学获得3颗星，能够说出一对例子的同学可以获得1颗星）(2) 带口字旁的字多与什么有关？你能举例说明吗？(能够说出关联并举例的同学获得5颗星奖励；能够说出两个例子的同学获得3颗星；能够说出1个例子的同学可以获得1颗星）(3) 你能说出带有“扌”的字吗？它们都与什么有关呢？(能够说出关联，并举例的同学可以获得5颗星；能够说出两个例子的同学获得3颗星；能够说出1对例子的同学可以获得1颗星）然后，教师根据评价单进行提问，学生根据提问进行回答，学生回答时，教师应该认真倾听，在倾听的过程中对基本学情做出判断：

---

① 陈清. 低段小学语文课堂多元化评价探究 [J]. 新教育，2023 (28)：79-81.

学生也应该认真倾听，这样才能够依据评价单的标准准确地做出评价。低段小学生因为刚进入小学，所以在学习的过程中注意力不够集中，更没有形成良好的倾听习惯，为此，在评价的过程中教师需要引导学生一起认真倾听，这样才能够让学生在倾听中明白自己的不足，教师也才能够在倾听中进行评价方式、评价内容的更新，为接下来的教学质量提升以及学生的进步起到促进作用。

二、有来有往，关注生生评价

在学习《操场上》这一篇课文时，教师可以让学生与自己的同桌结成学习小组，然后引导孩子们在学习的过程中对同桌的学习状况进行评价。评价的角度有如下几个方面：（1）学生之间对课文的阅读情况进行评价；（2）学生之间对课文的生字掌握情况进行评价；（3）学生之间对课文中问题的回答情况进行评价；（4）学生之间对对方课堂中的学习表现进行评价。在评价的过程中，教师可以安排适当的自由讨论时间，让学生与学生之间就评价的结果进行交流，这样便能够让孩子们主动参与到学习的过程中，让学生在关注自己伙伴学习的过程中分析对方的优点和不足，从而不断反思和完善自己。

三、反躬自省，关注自我评价

在学习《古对今》这一篇课文之后，教师应该针对教学目标的确定、教学内容的进行、教学方法的实施、学生的课堂反映等情况进行反躬自省，以便于能够在总结的过程中发现自身教学的不足，为下一次教学活动的有效展开提供实践依据。与此同时，学生也应该进行有效的自我评价，具体评价的角度如下：（1）今天，我认真学习了吗？（2）我从这篇课文中学到了什么知识呢？（3）课文中的生字和生词我都会运用了吗？（4）课文中的生字和生词我都会写吗？（5）我能够仿照课文的例子再写几个这样的句子吗？（6）这篇课文我会背诵吗？这些自我评价的问题起到的作用是让学生在自我反思的时候能够寻找到更为有效的学习方向，能够将学习的目标具体到更为详细的点上，从而提高其学习效率。

四、群策群力，关注集体评价

在学习《动物儿歌》这一课文的内容时，教师便可以以班上的纵列座位为单位让学生组成合作探究小组，罗列生活中的其他动物特征并进行说明，在这个过程中，教师应该引导学生对以下几个方面的问题进行评价：(1) 小组长是否为每一位组员安排了工作？(2) 小组长是否在讨论的过程中认真做了记录？(3) 小组长是否能够协调组员们的矛盾？(4) 小组长是否能够让组员在有序的引导中完成讨论的问题？每一组的组员可以以此评价单来对本小组的组长进行评价，并在评价的过程中明确小组讨论应该从哪些方面出发，在讨论的过程中应该关注哪些注意事项等。

（有删改）

在教育改革的背景下，确立学生在学习过程中的主体地位已成为教学理念的重要组成部分。在小学语文教学的评价实践中，采用多元化的评价方法不仅符合教育发展的大趋势，而且对学生的全面发展起到了关键性的促进作用。在具体实施过程中，教师通过运用多元评价策略，将评价的职能从单一的结果评价转向过程与能力的综合评价，这样的转变使学生能够在评价过程中发挥主体作用，主动探索和反思自己的学习经历。通过这种方式，不仅有助于学生更全面地理解知识，而且能激发他们对学习的兴趣和对新知的探索欲望，并为课堂注入更多的活力和创造性。

（一）运用形成性评价，调整教学策略

在当代教育领域，挑战主要体现在教学方法的持续革新上，而非仅局限于技术或资源的不足。这一现象指向了一个核心问题：教师对评价方法的理解与应用需要彻底转变，这种转变对于激发和维持学生的主动学习至关重要。中国著名教育家叶澜指出：学生主动发展的最高水平是自觉地规划自身的发展，成为自己发展的主人，而承认学生的“主动性”，促进学生的主动发展，就成为教师的重要任务，也是教师创造性劳动的体现，这强调了教育的自我驱动性和发展性。为响应这一教育目标，教师需要通过形成性评价来不断调整教学策略，这种评价方式能够促使学生在学习过程中进行自我监督与自我调整。形成性评价的核心在于过程的持续反馈，它强调的是学生能力的整体发展，而非仅仅关注单一的学业成绩或考试结果。这种评价体系通过提供定期的反馈，帮助学生识别自己在学习过程中的强项与弱点，从而有针对性地调整学习策略。更重要的是，形成性评价能使教师及时了解学生的学习状态和个性化需求，进而促使教师针对性地调整教学内容、方法和节奏。

这种教学与评价的同步调整不仅提高了教学的有效性，也增强了学生对学习过程的掌控感。当学生感受到他们的努力能够直接影响学习结果时，内在的学习动机便被激发，学习从一种外在的要求转变为一种内在的追求。这种动机的转变是教育成功的关键，也是形成性评价价值所在，形成性评价不仅是一种评价方法的变革，更是一种促进学生终身学习能力发展的教育策略，其目的是在教学过程的每个阶段提供反馈与纠正。[①] 总而言之，课堂评价必须相向而行，切实发挥其应有功能，成为促进学习的重要力量。[②]

（二）应用结果性评价，衡量学习成效

学生学习成效的衡量可以从四个维度进行：一是知识掌握程度，二是技能应用能力，三是创新与解决问题的能力，四是学习策略与自我调节能力。在传统的教育模式中，教师往往过多关注前两个维度，即知识和技能的传授，而忽视了后两者的培养。这种偏差可能导致学

---

① 周琳，周文叶．形成性评价：促进学生自我调节学习能力的养成［J］．上海教育科研，2020（2）：53-57.

② 朱晓华，施茂枝．促进学习的语文课堂评价［J］．语文建设，2021（20）：4-8.

生虽然考试成绩优异，但在实际应用和独立思考方面却显得力不从心。因此，强调结果性评价的重要性变得尤为关键。结果性评价不仅关注学生的知识和技能掌握，更重视评估学生如何将所学应用于实际问题解决中的能力以及他们采取的学习策略和自我调节的有效性。这种全面的评价方式有助于教师更精确地理解学生的综合能力，从而在教学中实现“授人以鱼”与“授人以渔”的平衡。

在实施结果性评价时，应强调根据每位学生的具体情况和学科特点制定评价标准，正如医生对病人开药一样，不可一概而论。这种个性化评价方法不仅有助于确保每个学生能在有序且目标明确的学习环境中最大化地发展其潜力，而且减少了学生在学习过程中出现迷茫和效率低下的现象。通过这样的评价策略，学生可以在学习过程中不断地自我审视和调整，以实现最佳的学习成效。

（三）整合诊断性评价，优化学习路径

诊断性评价是指教师在学生学习的起始阶段，对学生的学习基础、能力、需求和学习风格等进行全面评估的过程。通过可行的诊断性评价设计，预测学生经历学习活动后可能达到的能力发展程度和知识内化状态，谋求“以学定教”。① 在语文学科高阶思维活动过程中，批判性思维能力在每一个阶段都发挥重要作用，是语文学科高阶思维的核心。② 通过实施诊断性评价，教师和学生可以更准确地识别学习中的具体困难和需求，从而制订更为精确和个性化的学习计划。这不仅帮助学生明确学习目标和路径，还有助于他们控制学习进度，有效地监督和调整学习策略，以提高学习成效。同时，诊断性评价为教师提供了依据，以便根据每位学生的具体情况调整教学策略和内容，促进学生

---

① 李洪修，王牧云．学科核心素养视域下语文单元教学设计的问题与对策［J］．天津师范大学学报（基础教育版），2022，23（2）：22-26．

② 孙宏志，解月光，姜玉莲，钟绍春．课堂教学情境下学科高阶思维的结构与发展规律——以语文学科为例［J］．电化教育研究，2020，41（6）：91-97＋104．

批判性思维能力的发展。凭借这样的评价体系，学生能够定期自我评估，及时发现并反思学习过程中的问题，减少学习的盲目性。因此，在教育实践中，教师应引导学生制订和调整一份科学、动态且客观的诊断性学习计划，以优化他们的学习路径。

二、互动评价，提升参与

互动评价是一种鼓励学生参与和增强学习体验的有效教学策略。在小学语文教学中，这种评价形式不仅促进了学生之间的互助合作，还增强了团队互动，并培养了学生的独立思考能力。通过鼓励同伴评价，学生能够在相互学习和交流中提升自己的语文能力；通过小组评价，不仅加强了学生团队协作的技巧，还激发了集体解决问题的能力；而自我评价则支持学生反思自己的学习过程和成果，加深了对自己学习成效的理解。互动评价以学生为中心，充分发挥了学生的主体性，使他们成为学习过程的积极参与者，而不仅仅是被动的接受者。通过实施互动评价，教育者不仅能够满足学生表达自己、展示才能的需求，还能在实际教学中有效提升学生的语文学习兴趣和自主学习能力。

互动评价，促进集体进步①

在教学小学《语文》二年级上册第一单元时，学生通过一系列合作学习活动，已经有效完成了教师设计的任务，取得了一定成果。基于这一现实情况，教师便可以让学生以小组成员互动的方式进行评价，指明小组成员的优缺点，达到相互学习的良好效果。

在实际教学中，在教师的积极引导下，学生展开了评价。例如，

① 沈雨叶．学习任务群视域下小学低年级语文组块教学研究［J］．小学生作文辅导（下旬），2024（1）：95-97．

一名学生对小组另一名学生进行了评价："这名同学身上有一个值得我学习的优点，就是观察非常仔细，总能够发现一些细节。但他身上也有不足之处，就是描述能力不够强，应该提升自己的语文描述水平。"在良好的班级氛围下，学生还开展了各种各样的评价活动，形成了集体学习的意识，充分体现出学习任务群视域下组块教学的功能和价值。

通过将学生置于互评的环境中，不仅增强了学生之间的交流和协作，还促进了个体和集体的学习进步。学生在互评过程中既发现了同伴的优点，也指出了需要改进的地方，这种评价方式有助于提升学生的批判性思维和自我反省的能力。同时，教师通过积极引导，确保了评价活动的建设性和教育意义，强化了学生的集体意识，有效地提升了教学的参与度和互动性，不仅促进了学生的语言表达能力和观察力，还增强了班级的团队精神和学习氛围。

（一）鼓励同伴评价，增强互助合作

在教学过程中，同伴评价作为一种重要的互动评价形式，能够显著增强学生之间的合作与支持，这不仅保护并提升学生的参与意愿，而且增强了学生的自尊心和自信心。在实际应用中，部分教师可能未能充分利用同伴评价的优势，忽略了它在促进学生积极性方面的潜力，有时甚至采取冷漠态度对待学生的互动尝试，从而抑制了学生个性的表达和特长的展现。因此，当学生在互助合作中表现出积极性时，教师应该提供适时的关怀和理解，并给予适当的鼓励。即使学生的表现不完美，教师也应该用积极的反馈鼓励他们，而不是忽视或贬低他们的努力。教师绝不能用批评性的言语来打击学生的积极性，如"这没什么大不了的!"或"你做得还不够好!"等，否则可能引发学生的逆反心理，影响其学习动机和合作精神。

（二）推动小组评价，促进团队互动

在教学活动中，正确引导和管理学生的表现欲对于其个性和团队能力的发展至关重要。小组评价作为一种有效的教学策略，可以巧妙地利用学生的表现欲，促进团队内的互动和协作。学生在年龄、性格、性别以及兴趣爱好等方面的差异意味着他们表现欲的表达方式也会有所不同，教师应通过细致的观察理解这些差异，并据此采取不同的引导策略。对于那些性格外向、乐于表达的学生，小组评价可以给予他们足够的空间和机会，让他们在团队中扮演积极的角色，同时教师应控制这种表现欲，保证其在团队合作中发挥积极作用；对于性格内向、表现欲较为含蓄的学生，教师可以通过小组评价中的正向反馈和鼓励，如使用“我相信你能做得很好!”“展示你的想法吧，我们很想听!”等语言，激励他们积极参与并增强自信。通过小组评价的策略，教师不仅可以满足学生的基本心理需求，还能有效地引导他们的表现欲，促进学生在团队中的个性发展和互动协作。

（三）开展自我评价，培养独立思考

要培养学生的独立思考能力，并使其能够自主地进行知识的内化和应用，教师必须积极引导学生进行自我评价。现代教育强调学生为中心，其核心目的是促进学生的全面和自主发展。通过自我评价，学生不仅可以体验到学习的成功和乐趣，还能获得心理上的成就感，同时也能客观地审视自己的学习成果，这对于他们的自我认知和发展具有重要意义。在教学实践中，教师应该鼓励那些自我评价能力较强的学生挑战更高难度的任务，使他们在更复杂的情境中测试自己的思考和应用能力，从而获得进一步的成长；对于那些自我评价能力尚待提高的学生，教师应提供适当难度的评价机会，帮助他们在实践中逐步建立自信，增强学习动力，并通过反复的成功体验激励他们主动探索并表达自己的思考。这样的评价策略不仅能有效地激发学生的表现欲，还能大大促进他们的个性化发展和独立思考能力的提升。

三、创新评价，激发创造

创新评价是教育评价中的一项关键策略，旨在通过多样化的评价方法来激发学生的创造性思维和实践能力。在传统的教育评价体系中，单一的笔试或标准化考试往往难以全面反映学生的学习过程和深层次潜能。因此，采用项目评价、展示评价和反思评价等多维度的评价方式，确保教师的导向作用、激励作用与多元作用等得到切实发挥，不仅有助于发掘每位学生的独特才能，还能促进学生对学习成果进行深入理解和反思，从而推动认知结构的优化和创新能力的提升。项目评价通过实际操作和问题解决的过程中，让学生在真实或仿真的环境下展现其解决复杂问题的能力，这种评价方式能够有效发掘学生的潜在才能和实际操作技能。接着实施展示评价，通过让学生呈现自己的学习成果，不仅增强了学生的自信心，也提供了互相学习和启发的机会。最后引入反思评价，鼓励学生在活动后对自己的学习过程和结果进行深入分析，有助于学生识别和改进自身的认知偏差，优化其思维模式和学习策略。通过创新评价方式，不仅能够提高教育的适应性和有效性，还能激励学生进行自主学习，培养其终身学习的能力和创新思维，为其未来的长远发展和职业生涯奠定坚实的基础。

语文课堂从教学评价出发推进创新的有效方略①

一、确保教师导向作用得到切实发挥

对《春》展开学习时，教师可引导学生针对朗读情况展开评价，包括自我评价、生生互评以及教师评价等形式描述评价以及测评量化

① 牛卓．中小学语文课堂教学评价创新方略研究［J］．新课程（上），2018（12）：14．

表等相结合，多从正面出发对学生自信及其兴趣加以高效调动，促使其感悟到散文蕴含的情感，确保其朗读能力等得到切实强化。

二、确保教师激励作用得到切实强化

对《变色龙》进行讲授时，可将奥楚蔑洛夫相应变色过程、军大衣描写等看作是评价内容，让学困生对“变色龙”相应形象进行把握，让中等生针对其社会环境加以分析，让优等生依靠“变”“不变”方式针对小说人物展开分析，同时于写作时借助此类方式来刻画人物。依靠评价的切实选取来调动整体积极性，确保学生融于课堂以及教学评价之中，为其语文素养的高效强化奠定基础。

三、确保教师多元作用得到切实培养

针对基础知识实施评价时，可依靠笔试等开展；针对综合能力实施评价则应依靠情境设置或者是现场操作等形式展开。若其在语文层面具备特长，那么评价则可依靠参赛展示或者是家长参与等形式实施评价。

（有删改）

在语文教学中运用创新评价策略，强调了通过多样化的评价方法来激发学生的创造力，提升其语文素养。通过结合自评、互评和教师评价等多种形式，可以有效提升学生对散文情感的理解与朗读技能。通过差异化的评价策略，如针对不同水平的学生采用不同的评价内容和方式，有助于调动所有学生的积极性，促进其在理解文本和人物刻画方面的深入分析。此外，采用多元化的评价方式，不仅丰富了评价形式，也增强了评价的实用性和教育意义，确保了教师在教学过程中的导向、激励和多元作用，还通过创新的评价方法激发了学生的创造潜力，为提升学生的语文能力和整体素质奠定了基础。

（一）采用项目评价，发掘学生潜能

项目评价是一种重视学生个体差异和潜能的评价方式，它认识到每位学生，包括那些面临学习挑战的学生，都具有未被充分发掘的潜能。在教学过程中，通过项目评价可以对学生的认知能力和学习水平进行细致的分析，从而实现因材施教，帮助每位学生实现自我超越和持续进步。项目评价不同于传统的以成绩为导向的评价方式，它的目的是促使每个学生都能在学习中取得进步，实现个性化的成长。通过实施项目评价，教师应根据学生的不同能力层级设定相应的教学目标，对基础层次的学生要注重巩固其基础知识和技能，而对高层次的学生则更注重拓宽知识视野和培养特长。在学生完成项目后，教师需要对每个学生的进步给予及时的反馈和鼓励，无论是在日常作业、项目报告还是课堂表现中，每一次的小进步都应该被认可和赞扬。这样的评价方式不仅能激励学生在轻松愉悦的氛围中学习和成长，还能有效地提高他们的学习动机和自我效能感，项目评价对于学生语文能力的发展有着重要作用，应体现重视程度并更新评价理念。[①]

（二）实施展示评价，展现学习成果

在教学活动中，实施展示评价是一种激励学生积极参与并展示自己学习成果的有效方法。通过这种评价方式，学生被鼓励将自己的学习成果向同伴和教师展示，这不仅有助于增强他们的自信心，还能激发他们自我激励的精神，坚信自己能够达成目标。当学生在展示他们的项目或研究成果时，他们最需要的是环境中的支持和积极反馈，而非批评和否定。因此，教师在进行展示评价时，应给予学生充分的鼓励和正面反馈，如使用肯定的语言："你做得很好!""你的努力得到了回报!""继续努力，你会做得更好!"通过这种方式，学生可以在遇到困难时及时调整，用更加乐观和积极的态度面对未来的学习挑战。教师的任务是引导学生理解，无论面对何种困难或挫折，持之以恒的努

① 李军，戴华．基于项目化学习的小学语文口语交际教学优化研究［J］．中国教育学刊，2023（8）：71-75.

力和不断的自我鞭策是通向成功的关键。由此可见，实施展示评价不仅展现了学生的学习成果，也为他们在未来的学习过程中建立起坚韧不拔的意志和自我提升的动力。

（三）引入反思评价，优化认知结构

正确的反思评价能够有效地促进学生的认知和情感发展，否则可能对他们的心理健康及整体成长产生不利影响。因此，引导学生进行深入的反思评价是至关重要的。教师应鼓励学生评价自己在认知结构和学习策略上的发展情况，这种评价主要是让学生认识到自己的认知进步或局限性，体会到通过学习所实现的成长。对于那些可能在某些领域感到挑战的学生，通过反思评价能帮助他们识别自身的强项和改进领域，从而增强他们的自我效能感。此外，还可以引导学生将自己的认知进步与同龄人进行对比，找出差异并设定具体的超越目标。这不仅对认知发展较快的学生是一种激励，也为那些可能因自身认知风格或学习习惯不同而感到落后的学生提供了追赶的动力。通过这样的反思评价，教师能够更有效地促进学生在认知和情感层面的自我提升，进而优化其整体的学习体验和学习效果。

第二节　小学语文教学评价方法运用的经典案例

教学评价对教学有着重要的导向和激励作用，不仅影响着教学活动的进行，确保教学预期目标的实现，还是诊断学生的学习成果和核心素养形成的重要标准。① 小学语文教学评价方法的应用紧密遵循现代教育评价理念，重视学生的主动参与和全面发展，强调评价的多元化和过程性，为学生提供展示个性和创造性的机会。掌握并有效实施这

---

① 黄河，张雨．基于“四个评价”的小学语文核心素养评价体系研究［J］．语文建设，2021（18）：59-63.

些评价方法，对于丰富教学内容、提升教学质量具有重要意义。在小学语文教学中，运用创新的评价方法不仅能激发学生的学习兴趣，还能帮助他们在语文学习的各个方面取得实质性进步。通过运用评价，教师可以更好地理解学生在阅读理解、写作表达等方面的具体需求和优势，进一步调整教学策略，确保每位学生能在享受学习过程的同时，也能达到优化学习效果的目标。

一、经典案例

小学语文课堂教学中学生综合素质的多元评价方法①

一、改革纸笔测验

纸笔测验是最传统的评价方式，新课改强调要改革以考试为单一方式的评价模式，并不代表教师要完全否定纸笔测验的评价作用，如果教师利用得当，便可以在小学生之间展开有效的良性竞争，让小学生在成绩的激励下努力学习，自觉改善不良的学习习惯。因此，教师要对传统的纸笔测验进行改革，用纸笔测验来让小学生清晰地认识自己的语文学习成果。

在每一轮的语文考试中，笔者都会组织全体小学生分析自己的语文试卷，在每道错题旁的空白处标明自己失分的原因。我也会从整体角度分析每个题目的失分原因等，将一些出错率较高的题在语文课堂上讲解，以便让小学生了解自己在这个阶段的语文学习中还存有哪些疑难知识点。笔者还会利用考试展开纵向评价，即对同一个小学生在多次的语文考试中取得的成绩进行评价，为学生制定成绩起伏变动表，让学生自己与自己竞争，这就可以避免小学生因为自己与其他同学的

---

① 张霞. 浅谈小学语文课堂教学中学生综合素质的多元评价方法［J］. 新课程（上），2017（12）：40.

成绩差异而产生自卑情绪。

二、利用学生成长记录袋

学生成长记录袋，顾名思义，就是将小学生在语文课堂学习中的变化详细地记录在成长袋中。将其作为语文课堂教学评价的补充方式，可以根据小学生在每节语文课上的学习表现，来判断他们所掌握的语文知识是否得到了扩充，他们的语文能力是否得到了提升，学生对语文课程的学习态度是否发生了积极的转变等，是综合评价小学生语文素养的最重要的手段之一。

在使用学生成长记录袋的时候，笔者是以学期为周期进行划分的，并在成长记录袋中详细记录了小学生在语文课堂上的突出表现，小学生为自己制定的语文学习目标是否有效达成等信息。比如在《盘古开天地》一课中，一名小学生平日十分喜欢读书，尤其是喜欢中国神话故事读物，十分熟悉“盘古开天地”这个故事的内容。在本课的语文教学中，这名小学生十分积极地举手回答问题，主动复述课文内容，并对盘古甘于奉献的精神进行了分析。于是，我便将这个学生的积极表现记录在成长记录袋中。除此之外，笔者还会在成长记录袋中张贴小学生的语文成绩统计表，保证成长记录袋的资料是完整的。在每学期期末的时候，笔者都会将成长记录袋发放给小学生，让他们回顾自己在一个学期内的语文学习表现，并在档案袋的空白处写下自己的学习感想。

三、展开师生、生生互评

新课改认为，将学生纳入评价主体中理应成为小学语文评价的最基本方式，因为只有让学生参与到课堂评价之中，才能够使得小学生客观评价自己的语文水平以及学习能力，使其自觉修正学习行为。另外，语文课堂教学本身是一个动态的、互动的活动，教师要将评价的自主权交还给学生，展开有效的师生、生生互评，让小学生在语文课堂中畅所欲言，而这也是开展生本教育的基本要求。

在《陶罐和铁罐》这则寓言故事的课文教学中，笔者首先让小学生就我所设计的教学活动进行评价。有的小学生说："这节课很有趣，尤其是让我们进行角色朗读的时候，我觉得很有意思。"有的小学生说道："我有点紧张，因为老师让我们自己总结陶罐与铁罐的特点，我很怕说得不对，但是老师一直微笑地看着我，让我觉得很安心。"……之后，学生们便展开自评与互评，有的学生说："某某同学在角色朗读时很有感情，感觉就像是真正的陶罐一样。"有的学生说："某某同学回答问题很积极，他的反应好快。"有的学生说："下一堂语文课上，我要更加积极，大家都很踊跃地回答问题，我也要跟上大家的脚步才行。"……

《义务教育语文课程标准（2022 年版）》提出："课堂评价应该反映学生真实的语文学习水平和状况，注重考查学生的思维过程和审美情趣，关注学生的学习过程和点滴进步"。[①] 通过多样化的教学评价方法，学生能够通过亲身实践和体验深化对语文知识的理解和消化，从而促进其语文能力的全面发展。在小学语文教学中，教师应注重利用评价工具来促进学生的自主学习和思考，这不仅有助于学生构建和深化对语文学科的个人见解，还能激发他们的创造性思维。通过实施形成性评价、同伴评价和自我评价等多元评价策略，课堂教学将变得丰富化和动态化，有效地支持每个学生在个性化学习路径上的自我提升，使语文学习过程既深刻又富有成效。

---

① 中华人民共和国教育部. 义务教育语文课程标准（2022 年版）[S]. 北京：北京师范大学出版社，2022.

二、实施策略

（一）激发学生参与学习评价的积极性

有效的学习评价应关注激发学生的积极参与。在语文教学中，教师应利用学生的内在需求和好奇心，激发他们参与评价活动的热情，使课堂变得生动有趣，充满活力。这种参与不仅仅是表面的活跃，更是深层次的思考和体验的过程。教师应通过设计吸引人的评价活动，让学生在评价中运用多种感官，如视觉、听觉和动手能力，使学生通过全身心的投入来加深对语文知识的理解和应用。通过这样的策略，学生不仅能够积极参与学习，还能在实践中找到知识与生活的联系，增强学习的自主性和实效性。

（二）鼓励学生在评价中进行自我表达

为了培养学生的创新思维和表达能力，教师应鼓励学生在学习评价中大胆自我表达。这一策略的核心是让学生能够自主提出问题和解决问题，而不仅仅只满足于教师的问题和答案模式。通过这种方式，学生可以在学习过程中主动探索，自由表达自己的观点和理解，从而更深入地理解语文材料。教师应尊重每位学生的个性差异和表达方式，提供一个开放和包容的环境，使学生能够在评价中展现自己的独到见解，并通过不断的实践和反思，提高自己的语文能力。

（三）引导学生根据评价结果优化学习

身为教师，不管是回答学生的问题还是问学生的问题，都要积极地提供相应的反馈或评价，让学生能得到正确、及时的回应，避免挫伤学生在课堂上思考问题的热情。教师在进行语文教学评价时，应引导学生根据评价结果调整和优化自己的学习策略。这要求学生不仅关注评价的结果，更重要的是从中获得反馈信息，以便识别自己的强项和改进点。通过这种自我调节的学习方式，学生能够更加明智地选择适合自己的学习方法，无论是通过阅读、写作还是讨论，都能使自己的学习更加高效。教师应支持学生根据个人的兴趣和能力选择最合适的学习路径，同时提供必要的资源和指导，帮助学生在实践中持续改进，使学习过程成为一个不断自我完善和提升的过程。

三、实施方法

（一）强化评价的教育意义和应用价值

小学语文教学评价方法的实施，旨在增强评价的教育意义和应用价值，为学生提供更多的自主评价机会和环境。这一评价方式的核心在于赋予学生更大的参与和表达权，让学生能够在评价过程中实现自我反思和自我提升。在这种评价体系下，学生不再仅仅是评价的接受者，而是变成评价活动的积极参与者。通过实施以学生为中心的评价方法，学生的主体性得到了充分尊重和发挥。教师通过设计开放性的评价标准，让学生在语文学习中拥有更多的自主选择权和决策权。学生可以根据自己的理解和感受来对学习内容进行评价，这不仅有助于培养他们的批判性思维能力，还可以增强他们的语文表达能力。

在多元化的教学评价方法中，学生能够通过个人和集体的参与，体验到学习语文的实际意义和价值。评价变成了一个促进学生主动学习、深入思考和有效表达的过程。通过自我评价和互评，学生能够从同伴的视角获取反馈，学习如何从不同角度审视和评价自己的学习成果。

因此，教师在实施小学语文教学评价时，应关注评价的教育意义和应用价值的提升，通过创新评价方法和手段，使评价活动不仅仅是一个评分的过程，而是一个全面提升学生语文能力、扩展其思维空间和提升个人素养的教学策略。这种评价方法的实施将利于学生将课本知识转化为自身的实际能力，通过自己的努力，实现对语文学科和个人发展的深度理解和超越。

（二）注重评价过程的公正性和透明性

注重评价过程的公正性和透明性，是确保小学语文教学评价方法公平有效的关键。这要求教育工作者在评价过程中摒弃任何主观偏见，确保每位学生的学习成果都能得到公正的评价和认可。为此，教师应采用明确的评价标准，这些标准需要对所有学生公开透明，确保学生能在参与和理解的基础上接受评价结果。通过公正透明的评价体系，学生不仅能了解到自己在语文学习中的具体表现，也能认识到评价的公正性如何体现在每一次具体的学习反馈中。这种做法有助于培养学生的信任感和安全感，他们将更愿意在学习过程中主动提出疑问和进行自我反思。

教师在实施评价时，需要关注到每个学生的不同需求和学习背景，以适应性的评价方法来应对学生的个体差异。这种差异化的评价方法不仅考虑学生的认知水平，还包括他们的情感和个性特征。教师可以通过建立一种平等的对话机制，鼓励学生表达自己对语文学习的看法和感受，这样的互动有助于提高评价的个体适应性和教育效果。

总之，通过强化评价过程中的公正性和透明性，可以创造一个积极的学习氛围，使学生在公平的环境中探索和表达语文学习的深层意义。这不仅推动了学生知识的积累，更是其个性和人格成长的重要途径。教师和学校应致力于优化评价方法，确保每一个学习者都能在公正和透明的评价中获得成长和发展。

（三）促进评价结果的实用性和指导性

促进评价结果的实用性和指导性是提升小学语文教学效果的关键环节，它要求评价不仅要反映学生的学习状况，还应成为促进学生进一步学习的动力和方向。为了实现评价的这一功能，教师需要在评价过程中深化对学生学习的理解，将评价结果转化为有效的学习指导和资源。在这种评价模式下，教师的角色转变为指导者和促进者。他们不仅仅是提供评分给学生，更是通过评价来激发学生的学习潜力和兴趣。评价应关注学生的具体需求，指出他们的优势和需要改进的地方，这样的反馈可以直接促进学生的学习行为和策略的调整。

通过实用性强的评价，学生能够看到自己在语文学习中的具体进步和存在的问题，这种明确的反馈使学生能够针对性地改进学习方法，优化学习过程。同时，指导性的评价帮助学生建立起学习的自信，引导他们在语文学习中更加主动地探索和实践。

因此，教师在进行语文教学评价时，应着重考虑如何通过评价促进学生的学习动机和学习策略的发展，使评价成为推动学生持续进步的工具。评价方式的实施与创新既提高了语文教学的实效性，也符合了现代教育评价的发展趋势，即注重评价的过程性和发展性。教师应积极探索评价的新方法和新策略，以期使评价真正成为学生语文学习的助力。

第三节　小学语文教学评价方法运用的总结反思

实施灵活与适应性强的小学语文教学评价方法，是贯彻新课程改革“以学生为中心”的具体体现，这种评价方法不仅关注学生的个性化需求，而且促进学生能力的多方面发展。通过增强评价的灵活性和适应性，可以更好地对学生的学习过程进行监控和引导，有助于学生自我探索和自我提升。同时，明确和强化教师在评价过程中的角色，是提升教学质量的关键，教师不仅要作为评价的实施者，更要成为学生学习过程的引导者和促进者。此外，强化学生在评价中的主动参与性，不仅可以激发学生的学习兴趣，还可以帮助他们建立自主学习的意识，这对于学生的综合素质提升和学习潜能的发掘具有重要意义。因此，这种以学生发展为核心的评价模式，对教师的评价策略和学生的学习态度都会产生深远的影响，值得教育工作者深入研究和广泛应用，但在具体实施过程中也需避免形式主义和功利主义的倾向。

一、增强评价方法的灵活性和适应性

增强评价方法的灵活性和适应性对于小学语文教学的评价是不可或缺的。在实际的教学实践中，教育工作者应深刻认识到，为了实现教学的最高效果，评价体系必须能够适应每位学生个性化的学习需求。蔡元培认为："教育是帮助被教育的人给他能发展自己的能力，完成他的人格，于人类文化上能尽一分子的责任，不是把被教育的人造成一种特别器具。"评价课堂应观察教学是否具有"自我调节或元认知技能是所有学习的最终目标之一"的意识，是否指向引导实现"学生成为自己的老师"。① 这强调了教师需要根据学生在学习中展示的独特需求和能力来灵活调整评价标准和方法，重视评价过程中对学生能力的真实和全面反映，而不仅仅依赖于标准化测试的成绩。

当评价方法能够公正且真实地反映学生的学习状况时，学生们往往能感受到评价的公平性，这将极大地激发他们的学习热情，使他们更加投入到积极探索和解决问题的过程中。因此，通过提高评价方法的灵活性和适应性，不仅可以有效地促进学生的内在学习动机，还可以帮助学生建立起自信心，并逐步培养出积极向上的学习态度。此外，这种对评价方式的革新是实施个性化教育的重要支柱，同时也是激发学生学习兴趣和自我驱动力的关键因素。通过这样的评价改革，可以更好地满足每个学生的学习特点和需求，确保教育质量的持续提升和学生全面发展的实现。

① 石修银．基于"可见的学习"理论的语文教学设计、过程及评价［J］．课程·教材·教法，2021，41（8）：83-89.

二、明确和强化教师在评价中的角色

在小学语文教学中实行系统的评价体系，强化教师在评价过程中的关键作用，既非将学生成绩作为唯一的衡量标准，也不仅仅是完成形式的评价。教师在评价中不应该只是简单地进行成绩登记，而应成为评价的设计者和实施者。正确的教学评价不仅重视结果，更强调过程和方法。教师应当在学生面临困难时提供及时反馈，在学生理解偏差时进行正确引导，在价值观形成时积极介入，在知识应用上帮助学生与现实生活连接。在评价前，教师应是策划者，确保评价的全面性和公正性；在评价时，教师是执行者，确保评价的准确性和适时性；在评价后，教师则是辅导者，通过反馈促使学生反思和成长。无论是策划者、执行者还是辅导者，教师的作用都是不可或缺的。通过这些角色的有效扮演，教师能够使评价过程更具教育意义，更能促进学生的全面发展。

在教学评价中，教师的角色是引导者而不仅仅是评判者，是激发学生深层次思考的引领者，最终目的是使学生能在教师的引导下自我评价，培养终身学习的能力。整个评价过程应从学生的发展需求出发，按照教育评价的科学原则进行设计，确保评价活动能够真正地促进学生的学习和成长。

三、强化学生在评价中的主动参与性

强化学生在评价中的主动参与性，不仅重视学生的个体学习过程，也强调评价体系中学生的互动与参与。在传统的教学评价模式中，学生往往是被动的评价接受者，但现代教育理念提倡将学生变为评价的主动参与者。这种转变不仅有助于提升学生的自我评价能力，还能激发学生的自主学习动力，增强学习过程的透明度和公正性。

主动参与的评价模式鼓励学生不仅在接受评价时积极参与，更在评价的制定、执行和反馈过程中发挥作用。在这种模式下，学生能通过自评、互评等形式，与教师和同伴共同探讨学习目标与成果，从而更深入地理解评价标准和学习期望。这种互动性的评价过程，有助于学生从他人的视角审视自己的学习，接纳外部反馈，促进个人的全面发展。这种评价体系使学生的自我意识和团队协作能力得到了显著提升。通过集体讨论和反思，学生可以共同分析学习中遇到的问题，分享成功的经验，从而在相互支持和挑战中成长。教师的角色也由传统的评价者转变为引导者和协调者，帮助学生构建自我驱动的学习环境，使评价过程成为学生自我提升和能力发展的平台。

因此，在新一轮教育改革中，应进一步强化学生在评价中的主动参与性，使学生能在评价活动中扮演更为关键的角色。通过这样的实践，不仅能增强学生的自我管理和批判思维能力，也能为教育的长远发展注入新的活力。教育工作者应不断探索和实施新的评价策略，充分发挥评价在教学中的积极作用，促进学生的可持续发展。

第七章　发展前景：小学语文教学评价的深度探索

教学评价作为语文教学中的重要环节，其发展前景不仅指导教师的专业发展方向，更直接关系到学生语文素养的全面发展。传统的评价方式往往侧重于知识的记忆与应试技巧的掌握，而忽视了学生语文素养的全面发展。因此，教师需要重新审视小学语文教学评价的理念与方法，以更加科学、全面、个性化的方式评价学生的语文学习成果。在当前教育改革的浪潮中，小学语文教学评价面临着新的挑战与机遇，迫切需要对小学语文教学评价进行前瞻性的研究与规划，以推动评价体系的创新与完善。本章节将围绕小学语文教学评价的现状与挑战、改进与创新、效用与影响等方面展开探讨，期望能够构建更加科学、公正、有效的评价体系，为小学语文教学的持续改进和学生语文素养的全面提升奠定坚实基础。

第一节　小学语文教学评价的现状与挑战

经过前面几个章节的论述，想必大家对小学语文教学评价的重要性已有一定程度的了解。通过系统论述，可以发现教学评价对学生掌握语文知识和提升语文素养至关重要，进行教学评价的过程也是优化教学方法和提高教学质量的过程。小学语文教学评价是教学评价的重要组成部分，也是提升学生语文能力的重要手段，分为过程评价和结果评价两种方式。① 要求教师能够全面评价学生的学习过程，初步感受其学习态度和学习策略，这是对学习过程的评价；能够明确学生的知识掌握程度和技能运用水平，理解学生的优点和不足，厘清学生的学习需求和学习困难，是对学习结果的评价。本节内容从以下三方面进行总结：小学语文教学评价的现状分析、小学语文教学评价的未来挑战和小学语文教学评价的发展机遇。

一、小学语文教学评价的现状分析

现状分析是理解和把握当前事物发展状态的重要手段。对于小学语文教学评价而言，现状分析意味着对其当前状况、存在的问题以及潜在的发展趋势进行深入的探究和评估。通过对当前小学语文教学评价体系的现状分析，可以清晰地辨识出其在某些方面已经取得了一定成效，也能凸显出需要进一步加强的领域，为未来工作的改进提供了有力的依据和指导。

从当前小学语文教学评价的实施情况来看，虽然取得了一定的成果，但仍存在不少问题。其一是评价内容过于单一，往往只注重学生的知识掌握程度，而忽视了对学生语言运用能力、情感态度、学习策略等方面的评价。这种片面的评价方式难以全面反映学生的语文学习状况，也难以满足学生个性化发展的需求。其二是评价方法单一。传统的评价方式往往以笔试为主，缺乏对学生实际语言运用能力的考察，虽然这种评价方式具有一定的客观性和公正性，但过度依赖单一的测试形式，往往难以全面反映学生的真实水平。这不仅影响了评价的准确性和公正性，也限制了学生语文学习的发展。因此，为了更好地促进小学语文教学评价的发展，我们需要重新审视小学语文教学评价的

---

① 王志宏．中职学校语文教学模式研究［J］．职业，2017（6）：108.

目的，注重发挥评价的多元功能，以促进学生全面发展为最终目的，构建一个更加科学、合理、有效的评价体系，为学生的语文学习提供更有力的支持。

小学语文教学评价应当注重评价的科学性和客观性。评价应当基于学生的实际表现，而不是仅凭教师的主观印象，可以借助现代技术手段，如大数据分析、人工智能等，对学生的学习过程进行实时监控和数据分析，从而得出更加准确、客观的评价结果，确保每个学生都能得到公正的评价和待遇。在进行评价时，要注重对学生的优点进行肯定和鼓励，对学生的不足进行指出和引导，让学生明确自己的发展方向和提升空间，从而更好地调整自己的学习状态和方法。

语文作为一门感性的学科，尤其重视学生个体的内心体悟和个性化理解，这是其他学科所无法替代的。然而，在现有的教学评价体系中，许多教师往往只关注学生是否掌握了某个知识点或技能，而忽视了学生对语言文字的深入理解和感悟。这种评价方式导致学生只停留在表面，无法真正挖掘和理解文本中的深层含义。例如，当学生在阅读过程中遇到一些关键词句时，如果没有得到足够的指导和帮助，他们很可能无法充分理解这些词句的意蕴。这样一来，课文的意义就会大打折扣，学生的阅读体验也会变得浅薄。另外，如果学生对课文中的关键点理解不准确，他们的自身体会可能会与原文所表达的意思产生巨大的偏差，甚至背道而驰。

《大青树下的小学》案例设计节选①

在阅读活动开始前，教师要明确本节课的要求，根据学情确定学习重点，制定教学方案。搜集资料，了解教材编排结构，掌握课文内

① 王云芳. 小学语文阅读课堂上的互动合作教学实践与反思——以《大青树下的小学》一课为例［J］. 新课程，2023（19）：88-90.

容及特点。这一点对于后续的互动合作阅读有决定性作用，为每个学生安排相应的阅读任务，让他们按照自己的认知规律进行探究。

师：同学们，今天我们将要一起学习一篇非常有趣的课文——《大青树下的小学》。在开始之前，我想先给大家布置一个阅读任务，希望大家能够通过阅读课文，理解并回答以下问题：（1）描述一下大青树下的小学的环境和氛围；（2）课文中出现了哪些人物？他们分别做了什么事情；（3）课文中的哪些情节让你感受到了小学生的快乐和活力；（4）你认为这篇课文的主题是什么？它对我们有什么启示。

（学生阅读课文，以小组形式展开讨论）

生1：老师，我认为大青树下的小学环境很优美，氛围也很和谐。学校周围有大青树和美丽的花园，小鸟和蝴蝶在周围飞舞。可以看出这是一个充满生机和活力的地方。

师：非常好，你提到了课文中的重要情节。这些情节不仅展示了小学生的快乐和活力，也体现了学校对学生全面发展的重视。那么你认为这篇课文的主题是什么？它对我们有什么启示呢？

生2：我认为这篇课文的主题是多元文化共存、促进和谐发展。在文中，不同民族、不同地区、不同家庭背景的孩子都在一起生活、学习，展现了多元文化的共存。我们应该学习这种多元共存的思维方式，以促进社会和谐发展。

师：非常好，你从多元文化和社会发展的角度分析了这篇课文的主题和启示。其他同学还有别的想法吗？

生3：我认为这篇课文也告诉我们，要珍惜我们的学习环境和机会。大青树下的小学提供了一个优美、和谐的学习环境，我们应该好好珍惜这样的机会，努力学习。

师：你从珍惜学习机会的角度对这篇课文的主题和启示进行了分析。同学们的发言都很精彩，看来大家对这篇课文都有了很深刻的理解。现在，我想请同学们用一句话概括你对这篇课文的理解和感受。

大家可以互相交流一下。

生 4：我认为这篇课文告诉我们多元文化共存的重要性以及珍惜学习机会。

（学生们纷纷点头表示赞同，课堂氛围轻松愉快）

（设计意图：在分工合作的基础上，学生共同探索出一条自主阅读与小组讨论相结合的途径来实现对文本信息的整合）

阅读评价是师生之间、生生之间交流互动的重要方式之一，语文教师要充分重视阅读教学中的阅读评价活动，以提高阅读教学效率为目标，不断优化教学设计与实施策略。在开始阅读合作之前，教师需明确告诉学生评价的标准，使其确定阅读的重难点，包括对文章的理解、词汇使用等。鼓励学生参与评价过程，帮助他们更好地理解和接受评价标准。教师可组织小组讨论，让学生分享阅读理解感悟。通过提问、讨论和分享观点，学生能够深入了解文本内容、表达习惯及写作风格，进而提升语言运用能力。此外，还应注重引导学生关注话题或体裁变化，促进其从不同角度解读作品。在每次阅读合作结束后，教师需及时反馈，针对学生的表现和努力给予肯定，利用反馈机会，引导学生反思问题并提出改进措施。

二、小学语文教学评价的未来挑战

从前文我们已能窥见，教学评价在语文教学中扮演着举足轻重的角色。那么，小学语文教学评价又将面临哪些未来挑战呢？答曰：小学语文教学评价的未来挑战，在于如何构建一个既科学又富有人文关怀的评价体系。传统的评价方式往往过于注重知识的量化评估，而忽视了对学生语文能力、情感态度和价值观的全面评价。未来的小学语文教学评价需要更加注重学生的主体性和个性发展，通过多样化的评价方式，全面反映学生的语文学习成果和成长过程。这些挑战既是对我们评价体系、评价技术和评价理念的全面考验，也是对我们教育教学实践的不断探索和创新。只有不断适应时代发展的需要，不断完善和优化小学语文教学评价体系，才能更好地促进学生的全面发展，提高语文教学的质量和效益。

在深度探索小学语文教学评价的进程中，面临着诸多挑战。且这些挑战也呈现出两极分化的矛盾关系。其一，部分教师长期以来过于注重传统的知识传授和技能训练，将教学评价简单地等同于对学生知识掌握程度的测试，忽视了对学生核心素养的全面评价。这种评价方式不仅无法真实反映学生的语文能力，更无法促进学生情感、态度和价值观的发展。其二，教师在教学评价中往往忽视了学生的主体性和主观能动性。在传统的“一言堂”教学模式下，教师往往占据了主导地位，而学生则被动地接受知识。这种教学模式下的教学评价也往往以教师为中心，忽视了学生在评价过程中的参与和反馈。然而，语文作为一门人文性极强的学科，学生的情感体验和个性化理解是不可或缺的。教师在教学评价中应当更加注重学生的情感体验和个性化表达，为学生提供更多的机会和平台来展示自己的语文能力。对于心智尚不成熟的小学生而言，教师的及时、恰如其分的引导是必不可少的。教师的引导就像一只无形的手，能够帮助学生更好地理解和体验文本中的情感，促进学生的情感发展和价值观形成。因此，在深度探索小学语文教学评价的未来挑战时，需要找到一种平衡点。既要注重评价的科学性和实用性，又要关注学生的情感体验和个性化表达；既要发挥教师的引导作用，又要尊重学生的主体性和主观能动性。只有这样，才能构建一个更加科学、全面、有效的小学语文教学评价体系，为学生的全面发展提供有力支持。

在深度探索小学语文教学评价的道路上，人们不得不正视其未来所面临的挑战。教师在教学评价中扮演着至关重要的角色，既是评价的组织者，又是评价的参与者。教师在进行评价时，应充分发挥自身的引导作用，帮助学生正确理解评价的目的和意义，引导学生积极参与评价过程，促进学生的自我反思和自我提升。

三、小学语文教学评价的发展机遇

在当前教育改革的浪潮中，小学语文教学评价面临着前所未有的发展机遇。这些机遇不仅来源于教育理念的创新，更来自技术进步和教育实践的不断深化。教育理念的更新推动小学语文教学评价改革，人们逐渐认识到小学语文教学评价不仅仅是对学生学习成果的简单评判，更是对学生学习过程、情感态度和综合素质的全面评估。这一理念的转变，使得小学语文教学评价不再局限于传统的试卷形式，而是更加注重对学生综合素质的评价，如口语交际、写作能力、阅读理解等多元能力的考查。此外，教育实践的深化也为小学语文教学评价提供了广阔的发展空间。随着教育改革的不断深入，小学语文教学评价逐渐从单一的分数评价向多元化、综合化的评价模式转变。这一转变不仅有助于提高学生的学习兴趣和积极性，更有助于培养学生的创新精神和实践能力。

然而，从当前的评价实践来看，小学语文教学评价仍远未达到理想状态。一是部分教师在教学评价方面的专业素养有待提高。一些教师由于缺乏教学评价的理论知识和实践经验，导致在评价过程中存在较大的盲目性和随意性。他们往往过分依赖传统的评价方式，忽视了学生的主体性和差异性，导致评价结果缺乏科学性和公正性。因此，教师需要加强教学评价的专业培训和学习，提高评价的专业素养和能力。二是评价方式也往往以纸笔测试为主，缺乏对学生实际运用能力的考察。这种单一的评价方式不仅无法真实反映学生的语文水平，还可能抑制学生的创造性和想象力。因此，我们需要探索更加多元化和综合性的评价方式，以全面评价学生的语文能力和素养。三是小学语文教学评价在关注学生情感体验和价值观导向方面仍有不足。语文作为一门人文性极强的学科，其教学评价应关注学生的情感体验和价值观的形成。然而，当前的评价体系往往忽视了这一点，导致学生在语文学习过程中缺乏情感共鸣和价值观的引导。然而，当前许多教师在教学评价中缺乏自我反思和自我提升的意识，导致评价活动缺乏针对性和实效性。因此，我们需要鼓励教师加强自我学习和专业发展，提高教学评价的专业素养和能力。

《太阳》案例设计节选①

师：这是一双小绣花鞋，昨天你们学校展示课外活动小组的制作成果，而且进行义卖活动，我买了这双漂亮的绣花鞋。今天拿到了课堂上是想问你们：课文上说，太阳与地球有非常密切的关系，没有太阳，就没有我们这个美丽可爱的世界。那么这双美丽可爱的绣花鞋与太阳有什么关系？

生：这双绣花鞋的材料里面有棉花做成的布，棉花是植物，没有太阳就没有植物，也就没有这双绣花鞋了。

师：说得有道理，但我不用棉花。而全用丝织品，如绸缎来做……

生：绸缎是蚕丝做的，蚕是动物，也离不开太阳，没有太阳，这双鞋也不会产生。

生：不管用什么材料，都得人来做，没有太阳，人都活不了，谁去做鞋？（众笑）

师：啊！你一句话就从根本上否决了！很彻底。但能不能再从别

---

① 黄莺．即时评价，促进精彩生成——《提高语文教师课堂即时评价有效性研究》案例评析［J］．时代教育，2014（20）：192．

的方面分析分析呢？我主要想看看你们会不会分析。

生：做鞋得用针，针是钢铁的，没有太阳就没有钢铁，也就不会有鞋。师：“没有太阳就没有钢铁。”这句话需要研究，地球里的铁矿可不像煤炭一样。铁是一种基本元素，原来就有的。

生：那炼钢炼铁也需要煤炭，煤炭就和太阳有关了，不能炼钢就不会有绣花针了。（鼓掌）

生：还有，做鞋要用糨糊，糨糊是面做的，面是小麦做的，小麦是植物，植物是靠太阳生长的，所以没有太阳就不能做绣花鞋。（众笑）

师：好好，逻辑性非常强，一步跟一步，一环套一环，真有点儿天衣无缝了。

生：还有一点最简单的，做鞋需要用眼看着，没有太阳，一片黑暗，怎么做鞋？（众笑）

师：我晚上在电灯底下做。（众笑）

生：还是那个理由，没有太阳一片黑暗，什么也看不见，什么也不能做，当然发电机和电灯所用的一切东西都不能做。

师：大家说得非常好，很会分析问题。其实，没有太阳，就没有我，也没有你们，我们都没有了，还讨论什么绣花鞋？（众笑）

在这个教学片段中，孩子们多次发出的笑声显示出他们的学习是快乐的，但课堂光是有快乐是不够的，还得是有效的。而这位老师做到了这一点。他多次运用幽默生动的评价语言，因势利导，不仅灵活地引导学生把自己置身于课文情景之中，让自己与作者心灵沟通，同作者一起去体会、想象、思考，乐滋滋探求太阳的作用，而且有目的地训练着学生的思维能力，将各种语文基本功的训练也扎扎实实地落实到每一位学生的身上。

第二节　小学语文教学评价的改进与创新

小学语文教学评价作为教育过程中的重要环节，应以一种前瞻性的视角，审视当前小学语文教学评价的改进与创新。强调评价的改进，实际上是对学生学习效果的特别关注，注重评价方式的整合优化，将最适宜学生发展的评价理念、评价标准和评价方法进行有机组合，关注学生在评价过程中的表现和内在的潜力。

而对评价的创新，则是人们追求教育进步的不懈动力。传统的评价方式已无法满足当前教育发展的需要，必须勇于探索、敢于创新。创新意味着要打破陈规，挑战传统，寻找更加科学、合理、有效的评价方式。使小学语文教学评价更加符合学生发展的需要，更加符合教育发展的规律，为学生的全面发展和未来成长奠定坚实的基础。

一、基于素质提升的小学语文教学评价策略

小学语文教学评价正逐步从传统的知识掌握评价转向对学生综合素质的评价。基于素质提升的小学语文教学评价策略，旨在全面评估学生的语文能力，并促进他们的全面发展。具体而言，基于素质提升的小学语文教学评价策略应该包括以下几个方面：一方面，评价需要注重学生在语文学习中的实践能力。语文学习的最终目的是让学生能够将所学知识应用于实际生活中。因此，在评价学生的语文能力时，应该注重考察他们的实践能力，如口语表达能力、写作能力、阅读能力等。通过组织丰富多样的语文实践活动，让学生在实践中锻炼自己的能力，提高他们的语文水平。另一方面，评价需要注重学生的个性化发展。每个学生都是独一无二的个体，他们在语文学习中的表现也会有所不同。因此，在评价学生的语文能力时，都应该尊重学生的个

性差异，采用多元化的评价方式，让每个学生都能够得到公正、客观的评价。

小学语文教学评价的深度探索，必须根植于对学生素质提升的全面考量。与学习效能感对学生学习的关键作用相似，教学评价策略对学生语文素质的提升同样具有深远影响。一方面，小学语文教学评价策略应关注学生的学习动力。正如学习效能感能够影响学生的学习行为，教学评价策略也应当成为激发学生学习动力的重要工具。当评价不仅限于传统的知识考核，而是更多关注学生的情感体验、学习态度以及学习方法时，学生将更有可能从内心产生对语文学习的热爱和兴趣。这种内在的学习动力将促使学生更加主动地参与到语文学习中，从而提升他们的语文素质。另一方面，小学语文教学评价策略应注重学生的受挫能力。在学习过程中，学生难免会遇到困难和挑战。与学习效能感高的学生面对困难时表现出的积极态度相比，评价策略应关注于培养学生面对挑战的勇气和能力。通过多元化的评价方式，让学生在不同的情境中锻炼自己，提高他们的自信心和应对困难的能力。这种受挫能力的培养，将有助于学生更好地适应未来的学习和生活。因此，在评价学生的语文素质时，我们不应仅仅追求统一的标准，而应尊重学生的个性差异，采用多样化的评价方式。通过个性化的评价，教师可以更准确地了解学生的学习情况，为他们提供更有针对性的指导和帮助，从而促进他们的全面发展。

二、基于能力发展的小学语文教学评价模式

深入探索小学语文教学评价对学生能力发展的影响，需要清晰小学语文教学评价模式。这一模式旨在以促进学生语文能力全面提升为目标，通过科学、系统的评价手段，引导学生逐步形成扎实的语文基础、优秀的思维品质和积极的学习态度。然而，仅仅评价学生的语文

基础知识是远远不够的，还需要关注学生在语文学习过程中的思维品质和创新精神，这包括学生的理解能力、分析能力、综合能力、评价能力等，以及他们在语文学习中所展现出的探索精神、批判精神和创造精神。这些能力的发展，不仅有助于学生在语文学习上取得更好的成绩，还能为他们未来的学习和生活打下坚实的基础。同时，基于能力发展的小学语文教学评价模式还注重对学生学习态度的评价。学习态度是学生学习效果的重要因素之一，也是学生未来发展的重要保障。因此，在评价学生的语文学习时，我们需要关注他们对语文学习的兴趣、热情和动力，以及他们在学习中所展现出的自主性、合作性和创造性。

在传统教育理念中，教学评价是检验学生学习成果的关键环节，对于促进学生全面发展具有重要意义。然而，在当今小学语文教学评价中，不难发现一些亟待改进的问题。教育的目标在于培养学生的综合素质和能力，而不仅仅是追求知识的积累。为了实现这一目标，教师需要加强评价结果的反馈和应用，帮助学生发现自己的不足和潜力，为他们提供个性化的指导和帮助。最后，要加强评价主体的多元化和互动性，让学生、教师、家长等各方共同参与评价过程，形成合力，推动学生的全面发展。

《自己的花是让别人看的》①案例设计节选

走过任何一条街，抬头向上看，家家的窗子前都是花团锦簇，姹紫嫣红。许多窗子连接在一起，汇成了一片花的海洋，让我们看的人仿佛走在山阴道上，应接不暇。

师：同学们请结合插图，再通过有感情的朗读把这奇丽的景色读

① 吴秀清．以教促学，以学促评——论“以学生能力为中心”的小学语文教学评价[J]．当代家庭教育，2020（33）：187-188.

出来吧！请个别学生来读，其他同学认真倾听，然后请其他同学来评价。

生1：他读得很好，想象很丰富，并读出了对花的喜爱。

生2：我听出了他把“花团锦簇，姹紫嫣红”读得特别响亮，突出了各色鲜花怒放的美丽景色。

师：这位同学说，他透过“花团锦簇，姹紫嫣红”这两个词语，看到了各种颜色花卉艳丽，五彩缤纷的景象。

（出示图片）全班带着爱花之心再次朗读。

师：你们还积累过类似的哪些词语来形容这些花。

在这个片段中，为了帮助学生理解“花团锦簇，姹紫嫣红”，教师先让学生想象画面，引出花卉艳丽、五彩缤纷的景象，然后让学生自己理解这个成语，出示图片，最后传情朗读，再次感受“花团锦簇，姹紫嫣红”。老师问学生还积累过哪些类似的词语，学生个个踊跃举手，说明同学们平时的积累还不错。

这学期的家长会，我特别加入了一个环节，请同学在家长会上朗读自己的获奖作文，佳敏同学朗读了《未来的交通发展》，赢得了家长们的阵阵掌声。最后，我让家长说说对这篇作文的看法。

家长1：朗读的声音响亮，咬字很清楚！

家长2：这应该是一篇想象的作文，想法很大胆，把车的外形与七星瓢虫相结合，太了不起了。……

师：这篇文章是一篇想象作文，学生通过了解目前交通所存在的问题进行了思考，想出了相对应的决策。那就是发明一种七星瓢虫的车，让尾气、噪声、危险远离我们，并提醒我们交通安全的重要性。想法很新颖，立意很独特。

家长会上，家长与教师的评价有机结合，在这过程中，家长参与了学生的学习分享，并给予了学生肯定，给了同学们极大的自信心，提高了学习积极性。家长参评的意义在于提高家长对学生学习和发展的关注度。特别是现在的家长很少有时间和学生一起关注学习，沟通和了解的机会就更少。通过家长参与可以调动他们参与学生发展的热情，也会给学生增加自信心。《基础教育课程改革纲要（试行）》提出建立促进教师不断提高的评价体系，强调教师对教学行为的分析与反思，建立以教师自评为主，校长、教师、学生、家长共同参与的评价制度，使教师从多种渠道获得信息，不断提高教学水平。因此，在实践上，这三种评价方式并不是孤立的，而是有机结合的，共同服务于教师教学水平和学生学习能力的。教师需要把它们融合在实践中，形成整体效应。

三、基于技术应用的小学语文教学评价系统

在当今快速发展的信息化时代，技术的应用已渗透到教育领域的各个方面，为教学和学习带来了革命性的变革，也为教学评价提供了新的可能性。技术的应用不仅可以丰富评价的内容和形式，还可以提高评价的效率和准确性。技术应用于小学语文教学评价，可以构建一个基于大数据和人工智能的评价系统。这个系统可以收集学生的学习数据，包括课堂表现、作业完成情况、在线测试成绩等，通过数据分析，全面、客观地评价学生的语文学习效果和能力水平。同时，系统还可以根据学生的个体差异和学习需求，提供个性化的学习建议和指导，帮助学生更好地提升语文能力。

与传统的评价方式相比，基于技术应用的小学语文教学评价系统具有显著的优势。它能够实时跟踪学生的学习情况，为教师提供及时、准确的教学反馈，有助于教师更好地指导学生。除此之外，它还能根

据学生的个体差异和学习需求，提供个性化的评价方案，帮助学生发现自己的不足之处，制订针对性的学习计划。大数据能记录学生的学习历程和成长轨迹，为学生提供一个全面的学习档案，有助于学生更好地认识自己、规划未来，使用者也需要关注系统的科学性和可靠性、易用性和可操作性以及学生的隐私保护和数据安全等问题，确保系统的顺利运行和有效应用。

第三节　小学语文教学评价的效用与影响

通过科学、合理的评价，教师能够更加准确地了解学生的学习状况，发现学生的潜力和特长，为学生的个性化发展提供有力支持。在深度探索小学语文教学评价的效用与影响的过程中，不仅要关注评价本身的作用和价值，更要关注评价对教学活动、学生发展以及教育改革的推动作用。通过不断完善和创新小学语文教学评价机制，期待能够为学生创造一个更加优质、高效、充满活力的学习环境，为小学语文教育事业的发展注入新的活力。

一、有助于提升学生的学习动力

新课标强调，语文教学的目标不仅在于知识的传授，更在于学生核心素养的培养和提升，其中学习动力作为推动学生持续学习的关键因素，其重要性不言而喻。小学语文教学评价作为教学活动的重要环节，其深度和广度直接影响着学生的学习动力。一个科学、合理、全面的教学评价体系，能够全面、客观地反映学生的学习状况，发现学生的潜力和特长，从而激发学生的学习热情和兴趣。通过对学生学习成果、学习态度、学习方法等多方面的评价，学生能够更加清晰地认识到自己的学习问题，明确学习方向，增强学习动力。此外，教师还要注重评价结果的反馈与指导，通过及时、有效的反馈，学生能够更加清晰地认识到自己的学习问题，明确学习方向，调整学习策略，而教师则能够根据评价结果，及时调整教学内容和方法，提高教学效果，这种双向互动的评价模式，不仅能够激发学生的学习动力，还能够促进师生之间的有效沟通和交流，推动小学语文教学质量的不断提升。

学习动力是学生持续进步和发展的重要源泉，尤其在小学阶段，培养学生的学习动力更显得尤为关键。教学评价有助于挖掘学生的学习潜力。每个小学生都蕴藏着巨大的学习潜能，但如何激发这些潜能，转化为实际的学习动力，需要教师的精心引导和科学评价，及时给予学生正面的反馈和鼓励，让学生感受到自己的进步和成长。同时，教师还可以通过评价引导学生树立正确的价值观和学习观，让学生在良好的学习氛围中健康成长。

在小学语文教学评价的过程中，能够有效提升学生的学习动力是至关重要的。通过恰当的评价方式，可以激发学生的学习兴趣，增强其学习的自觉性和积极性，从而促进语文学习的深入开展。评价能够为学生提供源源不断的学习动力。通过对学生学习过程和学习成果的及时反馈，可以让学生清晰地了解自己的优势和不足，激发其对语文学习的主动探索和改进欲望，从而不断提升学习动力。同时，评价也能激发学生的竞争意识和自我超越欲望。教师可以通过设立学习目标和竞赛机制等方式，让学生在与他人竞争、超越自我的过程中不断进步，从而增强学习动力。此外，评价还有助于学生建立正确的学习态度和价值观。通过对学生学习态度和价值观的评价，可以及时发现并纠正其存在的不良习惯和认知偏差，引导其树立正确的学习观念和人生观，从而激发其学习动力。评价同时也促进了学生的自我认知和自我管理能力。学生通过评价过程，深入了解自己的学习特点和需求，自觉调整学习策略，提高学习效率，从而增强自我管理和控制学习动力。最后，评价为学生提供了有效的学习引导和支持。通过对评价结果的分析和解读，教师可以制订个性化的学习计划和目标，提供针对性的学习指导和帮助，从而增强学生的学习动力和信心。

二、有助于优化教师的教学方法

小学语文教学评价也可以为教师提供反馈和指导。评价结果可以帮助教师发现教学中存在的不足和问题，并及时进行改进和提升。通过分析评价结果，教师可以深入思考自己的教学方式和方法的有效性，从而不断改进和创新教学模式，提高教学质量和水平。另外，教师还可以通过评价结果发现学生的学习特点和个性，从而灵活地调整教学策略，采用不同的教学方法和手段，更好地满足学生的学习需求。这种个性化的教学方式能够激发学生的学习兴趣，提高学习积极性，促进其全面发展。

值得注意的是，教学评价并非刻板的标准，而是富有弹性的指导。虽然教学目标和教学内容具有一定的确定性，但评价的方式和手段却可以根据学生的实际情况和教师的创新思考进行灵活调整。正是这种不确定性，为教师教学方法的优化提供了广阔的空间。作为教学评价的主体，教师拥有充分的自主性。他们可以根据自身的教学风格和艺术，对教学内容进行重新组合和解读，选择更具创新性的教学方式和手段。在这个过程中，教师不再局限于传统的教材和教法，而是勇于尝试新的教学资源和方法，使语文课堂焕发出新的生机和活力。随着教学评价的不断深入，教师的教学方法也将得到持续优化。他们将更加注重学生的主体性和创造性，采用更加灵活多样的教学方式和手段，使语文课堂成为培养学生创新思维和实践能力的重要场所。这样的课堂，必定是充满无限可能的，让学生在不断的探索和实践中实现自我超越和成长。

教师不仅需关注课堂内的评价，更应将视野延伸至学生的课后学习。在课堂上，教师通过教学评价了解学生的学习状况，但在课后，评价的作用同样重要。教师可以通过课后作业的布置和反馈，深入了解学生的学习动态和思维过程，从而发现教学方法中的不足与优势。例如，教师可以通过信息化平台布置多样化的课后任务，鼓励学生发挥创新思维，展现个性化的学习成果。课后评价不仅限于作业批改，更应包含对学生学习过程的持续关注。教师可以通过后台数据分析，掌握学生的学习进度和兴趣点，及时调整教学策略。这种动态的教学评价有助于教师更加精准地把握学生的学习需求，设计出更加符合学生实际的教学方法。正如古人所言“教学相长”，教师在评价学生的同时，也在不断反思和提升自己的教学方法。通过对学生课后学习的深度探索，教师可以发现新的教学思路和手段，不断尝试和创新，使课堂教学更加生动有趣、富有成效。因此，教师需要以开放的心态和创新的精神，不断探索和实践，为小学语文教学的未来发展贡献自己的力量。

《别饿坏了那匹马》教学片段节选①

师：读了课文大家有没有发现，该文最大的特色是人物对话特别多，而且写得十分精彩？请同学们找出“我”和残疾青年之间的对话，大声朗读并体会人物的心理活动。

（学生大声朗读，体会人物思想感情的变化）

展示朗读，学生之间进行评价，可以从字音、语速、情感各方面评价，教师适当点评。

师：再请同学们分角色朗读课文，旁白由全班同学读。边读边思考感受。

---

① 杨玉花. 精彩的瞬间　即时的评价——小学语文课堂教学评价案例分析［J］. 教师，2014（9）：103.

生1：这个残疾人说了一个善意的谎言，心地很善良。

生2：这位摆书摊的主人本应获得别人的帮助，但他却以谎言去圆一个学子的读书梦，真的很令人感动。

师：同学们从一句句质朴的对话中感受到了人物的内在品质，看来大家已经把自己也融入了文章之中，这的确是一个读书的好方法。刚才我们分角色朗读了我和残疾人的对话，哪些句子最感动人，用尺子把它画出来，好好地读一下，为什么令你感动？

生1：他先是一愣，继之眼睛一亮，对我笑道："过来，让我看看你的马草。"

师：你在读书的时候抓住了人物的神态，发现了细微之处。看来你是一个很细心的孩子。

生2：他盯着姑娘茫然的眼睛，以哥哥的口吻命令道："听见没有，快把马草提进去！"

师：你是一个非常善于发现的孩子，你不仅关注到了残疾青年的态度，更关注到了他人的反应。

（引导讨论）姑娘的眼睛说明了什么呢？

生1：因为里面根本没有马，姑娘不明白哥哥为什么要"我"把马草提进屋去。

生2：从"茫然"一词中，能够感受到姑娘此时有些莫名其妙，不明白哥哥的用意。

师：你能够抓住重点词语去理解体会人物的内心，这个方法值得大家学习。

（引导讨论）家里没有马，为什么要叫妹妹把马草提到屋里？说明了什么？

生1：这位残疾人收下"我"的马草是想让我能继续看书。

生2：残疾人很善良，不想"我"今后看不到书。

师：通过朗读理解，我们已经感受到了残疾青年那颗美好善良的内心。同学们把你们感受到的读出来。

（学生有感情地朗读这一段话）

师：同学们的朗读犹如美妙的音乐传入老师的耳中，真是一种美的享受，老师的眼前仿佛也出现了这样一位善良、真诚的残疾青年。

以上教学片段中的教师摒弃单一的评价标准，从学生读书方法、学习能力、交流合作和积极状态等多方面进行评价，充分发挥了评价的激励导向作用，能促进学生更好地发展，关注学生成长，肯定、赞赏学生的点滴进步，让学生感受到学习的成功和欢乐，在他们心中唤起自豪感和自尊感。在教学中，教师要充分体现学生的自主性，起到一个引导作用，将学习的舞台让给学生，并适时地给予学生肯定的、积极的、富有激励性的评价。

三、有助于构建良好的教育生态

在小学语文教学评价中，构建良好的教育生态是至关重要的。这种生态不仅关乎学生的全面发展，更直接影响着教师的教学方法与教学理念的更新迭代。教育生态的完善，首先需要注重学生创新思维的培养。通过深入探索教学评价，我们可以更加准确地把握学生的学习特点和需求，为他们提供更具针对性的教育资源和支持，从而激发他们的创新思维和创造力。而这种创新能力的培养，也反过来对教师的教学方法提出了更高的要求，促使教师不断更新教学理念，提升教学技能。然而，当前的教育生态中还存在着一些问题。一方面，一些教师过于依赖传统的教学方法和手段，缺乏对新教育理念和教学技术的探索和实践。他们往往满足于现状，不愿意尝试新的教学方式，导致教学方法陈旧、单一，无法满足学生的多样化需求。另一方面，应试教育的影响依然严重，一些教师过分追求学生的考试成绩，忽视了对学生综合素质和创新能力的培养。为了构建良好的教育生态，我们需要从多个方面入手。一是要加强对教师的培训和教育，提升他们的专业素养和教学能力。通过组织各种形式的培训和学习活动，让教师了解最新的教育理念和教学技术，激发他们的创新意识和探索精神，鼓励教师积极尝试新的教学方式和手段，为学生提供更加丰富、多元的学习体验。二是要优化教学评价机制，促进教育生态的良性循环。通过引入多元化的评价方式，关注学生的综合素质和创新能力的发展，而不是仅仅追求学生的考试成绩，也要建立科学、公正的教学评价体系，让教师的教学成果得到充分的认可和肯定，激发他们的教学热情和积极性。三是要加强家校合作和社会支持，共同构建良好的教育生态。通过加强家长与学校的沟通和合作，让家长了解学校的教育理念和教学特色，共同关注孩子的成长和发展，争取社会各界的支持和帮助，为教育事业的发展提供更多的资源和支持。

参考文献

[1] 蔡志伟．浅谈新课程下小学语文课堂教学的评价方式［J］．教育教学论坛，2010（27）：69.

[2] 徐海鹰．小学语文教学评价改革的思考与实践［J］．苏州教育学院学报，2002（S1）：12-13.

[3] 刘树任．小学语文课堂教学评价初探［J］．当代教育科学，2003（12）：45-46.

[4] 王静．浅议新课程下的小学语文教学评价［J］．商业文化（学术版），2007（8）：58＋56.

[5] 中华人民共和国教育部．义务教育语文课程标准（2011 年版）［S］．北京：北京师范大学出版社，2011.

[6] 中华人民共和国教育部．义务教育语文课程标准（2022 年版）［S］．北京：北京师范大学出版社，2022.

[7] 林国庆．核心素养下小学语文课堂评价的现实困境与对策［J］．亚太教育，2024（6）：79-82.

[8] 李秀君．“双减”背景下小学语文课堂提质增效的思考与实践［J］．教育实践与研究，2024（2）：63-64.

[9] 褚倩倩．核心素养背景下小学语文课堂评价策略［J］．新课程导学，2022（7）：32-34.

[10] 魏红梅，何婷．新课标下小学语文课堂教学评价有效性研究［J］．黑龙江教师发展学院学报，2023，42（11）：121-124.

[11] 黄河，张雨. 基于“四个评价”的小学语文核心素养评价体系研究 [J]. 语文建设，2021 (18)：59-63.
[12] 于艳. 小学语文教学评价存在的问题与策略研究 [J]. 才智，2017 (22)：35.
[13] 姚晓芳. 关注核心素养 优化课堂评价——小学语文课堂教学评价的有效性探究 [J]. 语文教学通讯·D 刊（学术刊），2018 (3)：39-41.
[14] 彭恬静. 小学语文教学评价有效性研究 [J]. 牡丹江教育学院学报，2021 (4)：99-102.
[15] 赵秀峰. 论小学语文课堂教学多元评价育人价值与实现路径 [J]. 现代教育，2022 (7)：15-19.
[16] 章莉. 着眼核心素养 启迪语文思维——基于核心素养理念的小学生思维能力培养探究 [J]. 语文教学通讯·D 刊（学术刊），2020 (5)：54-56.
[17] 刘乙静. 小学语文教学评价的思考与实践 [J]. 齐齐哈尔师范高等专科学校学报，2022 (3)：105-108.
[18] 张建莲. “教学评”一致性模式在小学语文教学中的应用 [J]. 教育观察，2024，13 (5)：51-53+92.
[19] 顾悦梅. 基于“以人为本”理念的小学语文教学评价探究 [J]. 语文教学通讯·D 刊（学术刊），2012 (1)：44-45.
[20] 邹方方. “双减”背景下小学语文高效课堂实施策略初探 [J]. 科教文汇，2023 (1)：155-158.
[21] 高毓婉，冯晓颖. 新课改视野下基于加德纳多元智能特征理论的化学教学反思 [J]. 化学教育（中英文），2019，40 (21)：37-42.
[22] 陈明. 人本主义心理学教育观与道家教育观的共通之处 [J]. 现代大学教育，2018 (5)：8-12.

[23] 赵同森. 高校“以学生为中心”的教学评价 [J]. 继续教育研究，2010 (12): 152-153.

[24] 杨磊，朱德全. 核心素养课程开发评价：以泰勒模式为参照 [J]. 教学与管理，2019 (33): 71-74

[25] 牛富荣. 财政学翻转课堂教学质量评价体系的构建 [J]. 山西财经大学学报，2020，42 (S2): 125-128.

[26] 陈佑清. 论有效教学的分析模型 [J]. 课程·教材·教法，2012，32 (11): 3-9.

[27] 吴蓓蓓，张小菊. 后现代主义视野下的基础教育课堂评价转变 [J]. 湖北师范大学学报（哲学社会科学版），2019，39 (1): 123-126.

[28] 谭林春. 小学语文新手教师课堂教学评价例析 [J]. 大众文艺，2018 (12): 225-226.

[29] 李纪华. 借力融媒体创新小学语文阅读能力多维评价方式的研究 [J]. 学苑教育，2021 (32): 51-52

[30] 黄伊承. 小学语文课堂评价语实施的案例研究——以卓然小学《望庐山瀑布》公开课为例 [J]. 新课程导学，2021 (23): 39-40.

[31] 沈晨. 基于大概念的单元教学设计优化策略——以“社会争议的解决”为例 [J]. 中学政治教学参考，2024 (5): 54-55.

[32] 伍敏勇. 以语用为取向的小学语文阅读教学活动设计 [J]. 小学语文教学，2023 (29): 4-5.

[33] 胡小鸾，吴欣歆. “助作法”与“共作法”对小学语文习作教学的启示 [J]. 语文建设，2023 (22): 59-62.

[34] 熊梅，王艳玲，邓勇，等. 素养导向单元学习评价的意义、特征和策略 [J]. 中国教育学刊，2022 (12): 81-87.

[35] 周海银，韩璐. 大数据赋能基础教育学业质量评价的机理、困境

与破解路径［J］. 现代教育管理，2024（4）：85-94.
［36］胡娣，杨彦. 小学语文教学融合劳动教育的实践与探索——以统编版语文二年级下册《中国美食》为例［J］. 安徽教育科研，2024（7）：10-13.
［37］苏启敏，张澳. 真实性评价的情境创设何以支持儿童核心素养发展［J］. 中国教育学刊，2023（5）：35-42.
［38］王彤彦，东雪婷. 促进学生核心素养发展的语文课程评价［J］. 中学语文教学，2022（10）：4-9.
［39］殷维. 新课标视域下小学语文课堂教学评价的实践探究［J］. 辽宁教育，2023（17）：67-70.
［40］陈哲妍. 核心素养导向统编小学语文教材长课文教学设计研究［D］. 厦门：集美大学，2023.
［41］傅茂林. 小学语文阅读教学中"教学评"一体化实施策略——以课文《夜间飞行的秘密》为例［J］. 华夏教师，2023（31）：74-76.
［42］郑玮瑜. 让学生直面语言、经历语文实践：《跨越百年的美丽》课后反思［J］. 小学语文，2013（1）：99-101.
［43］张启海. 有一种力量叫赞美———小学二年级语文《称赞》教学案例分析［J］. 教育观察（下半月），2016，5（10）：70-71.
［44］谢幼如，高磊，邱艺，等. 智能技术赋能高质量课堂的评价创新［J］. 电化教育研究，2023，44（12）：73-79＋94.
［45］陈海婷. "以学习者为中心"理念下的小学语文教学评价探究——以统编教材语文五年级上册《圆明园的毁灭》教学为例［J］. 广西教育，2022（34）：44-46.
［46］陈恩伦，吴南中. 数字化技术赋能教师有意义评价的逻辑架构与生成机制［J］. 中国远程教育，2024，44（04）：69-80.
［47］郭洪瑞. 指向教与学的评价变革：鲁斯·达恩"作为学习的评

价”理念的探析［J］. 学术探索，2024（3）：150-156.
［48］李雪，姚伟. 美国基础教育质量评估的进展与启示——基于马萨诸塞州的实践探索［J］. 东北师大学报（哲学社会科学版），2021（4）：92-99.
［49］尤添盛. 新课标背景下初中数学差异化教学的实施策略［J］. 数学大世界（中旬），2022（9）：15-17.
［50］张建明. “国之大者”视域下加强新时代思政课建设的实践进路［J］. 河南大学学报（社会科学版），2023，63（06）：123-127＋155-156.
［51］何声清，綦春霞. 学生感知的教师自主支持与数学焦虑如何影响学业成就——基于Z省42643名学生的调研数据［J］. 教育科学研究，2023（2）：60-68.
［52］王乔松. 基于项目学习的小学语文综合性学习教学策略研究［D］. 成都：成都大学，2024.
［53］张放. 小学高段语文口语交际教学评价现状研究［D］. 天津：天津师范大学，2023.
［54］彭雪. 小学语文跨学科主题学习活动设计研究［D］. 重庆：西南大学，2024.
［55］耿红卫，姬璐晴. 基于语文核心素养的初中古诗词教学策略研究［J］. 教育理论与实践，2023，43（35）：54-57.
［56］马迅. 新文科背景下应用型高校外语专业“图式理论”教学改革与实践的策略——以《德语视听说》课程为例［J］. 黑河学院学报，2024，15（3）：116-118＋129.
［57］张志晟. 新时代大学生心理健康教育评价研究［D］. 锦州：辽宁工业大学，2020.
［58］韩乐乐. 基于“一帆书法”软件的小学语文写字教学设计与实践［D］. 上海：华东师范大学，2023.

[59] 吴江．支架式教学模式在小学语文高年级记叙文习作教学中的应用研究 [D]．呼和浩特：内蒙古师范大学，2024.
[60] 张鹤馨．情境教学法在小学语文古诗词教学中的应用研究 [D]．长春：长春师范大学，2022.
[61] 陈清．低段小学语文课堂多元化评价探究 [J]．新教育，2023，(28)：79-81.
[62] 周琳，周文叶．形成性评价：促进学生自我调节学习能力的养成 [J]．上海教育科研，2020 (2)：53-57.
[63] 朱晓华，施茂枝．促进学习的语文课堂评价 [J]．语文建设，2021 (20)：4-8.
[64] 李洪修，王牧云．学科核心素养视域下语文单元教学设计的问题与对策 [J]．天津师范大学学报（基础教育版），2022，23 (2)：22-26.
[65] 李军，戴华．基于项目化学习的小学语文口语交际教学优化研究 [J]．中国教育学刊，2023 (8)：71-75.
[66] 张霞．浅谈小学语文课堂教学中学生综合素质的多元评价方法 [J]．新课程（上），201，(12)：40.
[67] 王志宏．中职学校语文教学模式研究 [J]．职业，2017 (6)：108.
[68] 王云芳．小学语文阅读课堂上的互动合作教学实践与反思——以《大青树下的小学》一课为例 [J]．新课程，2023 (19)：88-90.
[69] 黄莺．即时评价，促进精彩生成——《提高语文教师课堂即时评价有效性研究》案例评析 [J]．时代教育，2014 (20)：192.
[70] 杨玉花．精彩的瞬间即时的评价——小学语文课堂教学评价案例分析 [J]．教师，2014 (9)：103.